2
K 1392

Par De Préchac.

RELATION D'UN VOYAGE

FAIT EN

PROVENCE.

CONTENANT
Les Antiquitez les plus curieuses de chaque Ville,
Et plusieurs histoires galantes.
Par M.L.M.D.P.

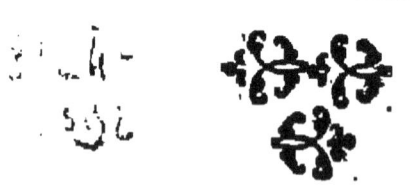

A PARIS,
Chez C. BARBIN, Au Palais,
sur le second perron de la
Sainte Chapelle.

M. DC. LXXXIII.
Avec Privilege du Roy.

Fautes à corriger.
Premiere Partie.

PAge 5. l. 17. *deux*, lisez *dix*.
P. 25. l. 4. *qu'un*, lisez *que*.
P. 32. l 9. lisez *Nemausensis*.

Seconde Partie.

P. 48. l. 14 *dix lieuës*, lisez *dix milles*.

P. 151. l. 13. lisez, *Il feignit de vouloir s'en percer.*

Pg. 167. l. 8. *grandeur de Nismes*, lisez, *grandeur de celuy de Nismes.*

LE LIBRAIRE AU LECTEUR.

J'Avois apre-
hendé que le
Voyage de Mes-

ã ij

sieurs de Bachaumont & de la Chapelle, *dont on a vû tant d'Editions, ne fit quelque tort à la Relation que je vous donne: mais des personnes très-intelligentes l'ayant* examinée, elles ont jugé qu'il y avoit bien de la difference entre ces deux Ouvrages. Le premier a esté fait par des Messieurs qui ne pensoient qu'à s'égayer & à faire rire leurs Amis : Et celuy-cy a esté fait pour instruire, & contient des Remarques trés-curieuses & trés-particulieres. Cependant comme une Relation toute simple auroit pû ennuyer le Lecteur, il trouvera icy de petites Histoires galantes, qui, si je ne me trompe, ne manqueront pas de le divertir.

Extrait du Privilege du Roy.

PAr Grace & Privilege du Roy, donné à Versailles le 15. Ianvier 1683. Signé, Par le Roy en son Conseil, LE NORMANT. Il est permis à CLAUDE BARBIN, Marchand Libraire, de faire imprimer un Livre intitulé *Relation d'un Voyage de Provence. Par M. L. M. D P.* pendant le temps de *six années*; Et deffenses sont faites à tous autres de l'imprimer, sur peine de confiscation des exemplaires contrefaits, d'amande arbitraire, & de tous dépens, dommages & interests, comme il est plus au long porté par lesdites Lettres de Privilege.

Achevé d'imprimer le quinziéme May 1683.

Les exemplaires ont esté fournis.

Registré sur le Livre de la Communauté des Imprimeurs & Marchands Libraires de cette Ville.
ANGOT, Sindic.

VOYAGE DE PROVENCE

LIVRE PREMIER

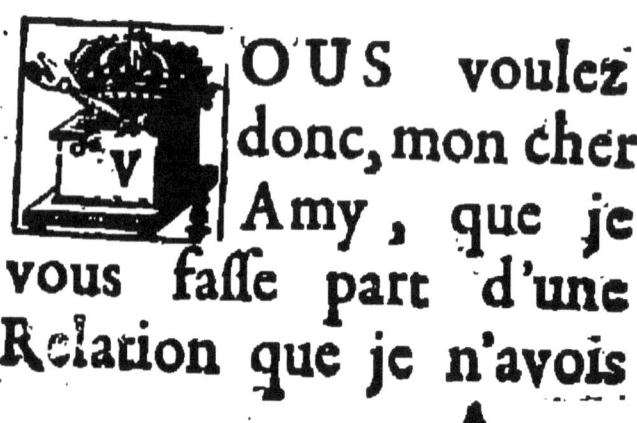

VOUS voulez donc, mon cher Amy, que je vous fasse part d'une Relation que je n'avois écrite que pour conferver le souvenir de ce que j'avois vû dans mon voyage de Provence. Il faut vous satisfaire, & vous dire que je commençay ce voyage dans la plus belle saison de l'Année.

N'allez pas vous imaginer que ce fust au Printemps, où l'on n'a que la vûë & l'odorat charmez par la varieté des Fleurs, & par les odeurs qu'elles exhalent: Je ne m'attache pas au goût commun, les fruits delicieux que l'Automne nous fournit, doivent, à mon sens, luy donner la préference. Ce fut donc au temps des Vendanges que je partis de Montpellier, avec Madame la Marquise de *** dont vous connoissez les manieres aisées, avec Mademoiselle du ***, qui par son enjouëment nous empêcha de nous ennuyer, & avec un de mes Enfans.

Voyage

Comme la chaleur estoit fort incommode, nous partîmes tard, & nous n'arrivâmes qu'à la nuit au Pont de Lunel, où nous couchâmes. Le lendemain bon matin, nous montâmes en carosse, & nous nous rendîmes de bonne heure à Nismes.

Pendant qu'on préparoit noſtre dîner, nous allâmes viſiter le magnifique Amphitheatre, que ceux du Pays appellent ordinairement les *Arenes*. Quoy qu'il ait plus de quinze siecles, il est presque tout entier.

Il est composé de deux rangs d'Arcades, qui forment deux Galeries ouvertes, qu'on a placées l'une sur l'autre. chaque Galerie a soixante Arcades, qui font cent quatre-vingts-quinze toises en circonference, & qui forment dans le milieu une Place ovale de soixante toises de longueur, deux de largeur, & dix & demy de hauteur. Les degrez qui regnent tout autour, sont composez de pierres d'une si prodigieuse grandeur, que sans l'opinion qu'on a que les Anciens avoient le secret en les fondant de les faire telles qu'ils les vouloient ; on auroit peine de comprendre qu'on en puft tirer de semblables, d'aucune carrieres.

Ce secret seroit aujourd'huy d'une grande

utilité pour rendre d'une éternelle durée les Bastimens somptüeux que fait faire nostre Auguste Monarque : mais ou ce secret n'a point esté, où il a esté perdu, par la negligence, ou par la malice des hommes.

On remarque encore sur ces degrez, des lignes ou des rayes de deux en deux pieds, qu'on avoit fait pour distinguer la place que chaque personne devoit occuper au Spectacle.

Ceux qui ont pris le soin de les compter, disent que vingt mille personnes s'y pouvoient mettre commodement. Pour moy qui voulois mieux employer mon temps, je ne m'en donnay pas la peine, & j'aimay mieux m'en rapporter à ce qu'on m'en avoit dit.

Comme je considerois toutes ces particularitez, un Vieillard que je rencontray en ce lieu là, me fit part des reflexions qu'il y avoit faites. L'agreable Mademoiselle du *** nous vint interrompre, pour me demander où estoit cet Amphitheâtre que j'avois promis de luy faire voir. J'eus beau luy dire que nous y estions, elle me soûtint toûjours qu'elle ne voyoit que des Maisons, comme dans les autres endroits de la Ville.

Il est vray qu'on a eu tort de défigurer un Bastiment qui est le plus entier qui nous reste des Antiquitez Romaines; & soit que cett aimable personne me parlât ainsi par plaisanterie, ou qu'effectivement elle n'eût pas remarqué ces grandes Arcades qui font le tour du Cirque, je trouvay qu'elle avoit raison de chercher l'Amphitheâtre dans l'Amphitheâtre mesme.

Elle me demanda ensuite, pourquoy l'on luy a donné le nom d'Arenes. Je luy dis que c'estoit à cause du sable dont on couvroit le lieu où l'on faisoit combattre les Gladiateurs & les Bestes; & que ce sable y estoit répandu pour empêcher que le sang qu'on y verseroit ne donnât de l'horreur aux Spectateurs. Elle n'eut pas de peine à m'entendre, quoyqu'elle ignorât la Langue qu'on parloit à Rome, parce qu'en Languedoc on appelle le sable *Arene*, comme les Romains l'appelloient *Arena*.

Pour satisfait sa curiosité, je fus obligé de luy faire remarquer les Arcades qui environnent l'Amphitheâtre. Elle m'avoüa que son Architecture avoit quelque chose de si auguste, qu'elle faisoit bien connoître la magnificence de ceux qui l'avoient fait bâtir. Elle jetta les yeux sur les Colomnes, & elle me dit qu'on ne pouvoit douter que ce ne fût un Ouvrage des Romains, puisqu'on voyoit des Aigles à leurs chapiteaux : Mais comme elle ne sçavoit pas toutes les particularités de l'Histoire, elle me pria de luy expliquer ce que vouloit dire, une Louve qui donnoit à téter à deux jeunes enfans, dont la figure paroissoit en plusieurs endroits. Je luy fit entendre que c'avoit esté la nourrice de ces deux jumeaux, qui avoient jetté les premiers fondemés de Rome : Elle apperceut en un autre endroit, une basse taille qui representoit le Dieu des jardins, que ces impudens Idolatres adoroient publiquement. Cette figure qui blesse la pudeur luy fit baisser les yeux, & je luy dis en souriant, qu'il estoit étrange que les Payens eussent fait un mystere de Religion, d'une chose qu'on ne pouvoit regarder sans rougir.

Des Arenes, nous allâmes visiter un Bastiment ancien qu'on nomme la maiſon quarrée; il eſt de douze toiſes de longueur, d'autant de largeur, & de ſix d'élevation. Il eſt entouré de trente Colomnes d'ordre Corinthien, dont les corniches & les friſes ſont ſi bien travaillées, qu'on ne voit rien aujourd'huy qui en approche. On avoit crû autre-fois que les Préteurs rendoient la juſtice en ce lieu; mais depuis on a reconnu à pluſieurs marques que c'étoit un Temple, on ne sçait encore à quelle divinité il estoit consacré.

En divers endroits de cette Ville, on voit quantité de belles figures de Sculpture, que le temps a détruit en partie; & dont les curieux respectent les precieux restes. Ce qui m'empêche de vous en dire les particularitez, c'est que j'ignore l'usage pour lequel elles avoient esté faites.

J'avois l'esprit si occupé de ces fameuses Antiquitez

tiquitez, que je n'aurois pas pris garde à une Eglise que les Peres Jesuîtes ont fait faire depuis quelques années, si Madame de *** ne me l'eust fait remarquer, le Portail m'en parût magnifique, il a quelque raport à celuy de la Maison Professe que ces Peres ont à Paris; mais il a ce défaut que sa largeur n'est pas proportionnée à son élevation. Nous fûmes même un peu surpris de ce que le dedans ne répon-

B

doit pas à ce que promettoit le dehors, le vaisseau est en effet si petit, qu'il ne peut passer que pour une Chapelle; neanmoins cette Eglise ne laisse pas d'estre superbe dans sa structure, les deux costez sont enrichis de petites galleries à balustres de fer, d'un ouvrage delicat; quoy qu'elle soit fort claire, elle n'a point de fenestre, & elle ne reçoit le jour que par quatre petits dômes vitrez qui l'éclairent suffifamment : On doit cette invention au Pere Mourgues de cette Maison.

Comme nous avions déja fait beaucoup de chemin, & vû tout ce que je viens de vous décrire, nous jugeâmes qu'il estoit temps d'aller prendre quelque repos, en attendant qu'on nous servît à disner.

Dés que nous fûmes hors de table, nous crûmes que nous devions aller voir les dehors de la ville. Nous commençâmes par une Fontaine qui est au pied d'une montagne, son eau sort avec tant d'abondance, qu'aprés avoir remply un grand bassin, dans lequel elle se rend par des routes inconnuës, elle se décharge ensuitte par un petit Canal dans les fossez de la Ville, & apres avoir fait dans la belle saison le plaisir des Habitans, elle en devient la terreur lors que la pluye ayant grossy ses eaux, elle se répand dans les Campagnes comme un torrent impetueux. Nous nous amusâmes quelque temps à considerer sa tranquilité, & apres nous estre un peu réposés, nous gagnâmes une petite éminence qui en est fort proche, où nous vîmes le debris d'un Temple qui avoit esté dedié à la Deesse Diane: Nous y remarquâmes plusieurs Aigles sans teste, d'une pierre fort dure & blanche comme neige. On nous apprit que les Goths s'étans rendus maistres de cette Province, avoient abbatu les restes de ces Aigles, & qu'en défigurant ces oiseaux que les Romains portoient dans leurs Etandarts, ils avoiét voulu faire connoiftre à la posterité, qu'il avoient triomphé de ces Vainqueurs de l'Univers.

Nous montâmes enfuite au plus haut de la montagne qui eft au deffus de l'éminence, dont nous venons de parler, & nous y trouvâmes les restes d'une Tour qui paroiffoit avoir esté d'une structure solide & massive; dans l'épaisseur de ses murailles, on avoit pratiqué six petites chambres fort profondes; ce qui a fait croire à plusieurs que cette Tour (que ceux du Pays appellent Tourmagne, à cause de sa grandeur) avoit servy à garder le Tresor public, parce qu'on n'y descendoit que par une ouverture qui étoit sur la terrasse: D'autres s'imaginét que c'étoit un phare, & qu'on y mettoit une lampe pour éclairer les vaisseaux qui voguoiét sur la Mediterranée, dont les flots autrefois battoient les murailles de la ville de Nismes; on a lieu de le presumer ainsi, par le grand nombre de coquilles qu'on rencontre en cet endroit, & cela est assez vray-semblable; puisqu'Aiguemortes qui n'est qu'à six lieuës de Nismes, a esté autrefois un port fameux, & qu'aujourd'huy cette Ville se trouve fort éloignée de la Mer.

Nous

Nous apprîmes par un Etranger qui avoit eu cóme nous la curiosité de voir cette Tour, qu'un Mr. Caïras Chanoine de la Cathedrale, faisant foüiller la terre d'une de ses vignes, avoit trouvé plusieurs pieces curieuses, qu'apparamment les Romains y avoient cachées pendant les guerres civiles; ce qui nous obligea à luy rendre visite. Il nous receut fort bien, il nous fit voir deux urnes, l'une de verre, dans laquelle il y avoit des cendres avec partie des offemens d'un Chevalier Romain, & l'autre d'Albâtre, ou d'un Marbre blanc fort tranfparant, une lampe de terre figelée de forme ronde, fur laquelle eftoit empreinte la figure d'un Lapin qui mangeoit une grape de raifin, deux taffes de verre, femblables à celles dont nous nous fervons pour mettre des confitures, deux gobelets avec leurs anfes de mefme matiere, & de petits pots de terre d'une forme particuliere; il nous montra aussi une de ces lampes éternelles, que les Anciens avoient accoûtumé de metre dans les tombeaux; elle estoit de laiton, avec un croissant par derriere, & elle estoit montée sur un pied d'environ dix pouces de haut; Monsieur Cairas nous dit qu'il l'avoit trouvée dans l'urne d'Albàtre, dont nous avons parlé avec un morceau de lame d'épée, & une maniere de rechaut, sur le manche duquel estoit écrit ce mot, *Par-thenius*, & un anneau d'or large & creux, dans lequel estoit enchaffé un lapis, sur lequel on avoit gravé la figure d'Apollon qui semble vouloir embrasser Daphné, qui se change en laurier; il nous dit aussi que cette lampe s'estoit éteinte dés qu'elle avoit pris l'air. Toutes ses curiositez nous donnerét occasion de raisonner, & nous convinmes enfin, que *Parthenius* estoit le nom du Chevalier, dont nous avions vû les cendres, que la bague estoit la marqne de sa dignité, & que les armes estoient en usage du temps des Romains ; ou du moins que les Chevaliers portoient des Devises sur leurs anneaux qui leur tenoient lieu de blason.

Vous estes mon cher amy trop sçavant dans l'Histoire, pour ignorer que les Chevaliers portoient des anneaux, pour se distinguer des personnes d'un autre Ordre, & vous n'avez pas oublié qu'apres la bataille de Cannes, Annibal en fist ramasser plein trois boisseaux & demy, qu'il envoya au Senat de Carthage, pour marque de la défaite entiere de l'armée Romaine. Nous vîmes encore une petite tauë de terre sigelée, deux fers courbez dont les Anciens se servoient apres estre sortis du bain, comme nous nous servons des rasoirs, plusieurs lachrimoires qui sont de petits vaisseaux de verre, dans lesquels on enfermoit les larmes qu'on versoit apres la mort des parens. Quoyque vous n'ayez pas besoin d'instruction sur ce qui regarde l'antiquité, vous voulez bien que je vous fasse souvenir que Nismes estoit une colonnie des Romains, qu'Auguste avoit r'amené d'Egypte, apres avoir conquis ce Royaume ; ce qu'on apprend par des Medailles qui ont à leurs revers, un Crocodille attaché par une chaîne à un Palmier, & de l'autre coſté. COL, NEM, qui veut dire, *Colonia Nemauſenſi*; ce ſont encore aujourd'huy les Armes de la Ville.

Apres la décadence de l'Empire, Niſmes paſſa ſous la domination des Goths, avec le reſte du Languedoc, & avec toute l'Eſpagne. Charles Martel ayant vaincu ces peuples Barbares, elle devint la Conqueſte des

François, & elle fut ensuite soumise à des Vicomtes qui la tenoient en Souveraineté. Les Comtes de Thoulouse s'en estans rendus les maistres, quelque temps apres ils en furent dépossedez par les Rois d'Arragon, & apres avoir passé sous la domination des Comtes de Provence, elle retomba entre les mains des Comtes de Thoulouse, du temps de Simon de Monfort, qui ceda ses droits à un de nos Rois, il y a environ quatre cens ans.

Comme le Soleil commençoit à baisser, & que le temps se disposoit à la promenade, Mademoiselle du *** qui ne se plaisoit pas à des discours si sérieux, me dit qu'il estoit temps de sortir de la Ville pour prendre un peu l'air, qu'elle avoit oüy dire qu'il y avoit un grand terrain uni hors la porte appellée de la Couronne, où tous les soirs ce qu'il y a de beau monde à Nismes, vient prendre le plaisir de la promenade, les grisettes s'y rendent comme les femmes de qualité, & l'on peut dire sans mentir que ce sont ces grisettes qui ont le plus de charmes, & qui sont les plus recherchées.

Tout le monde s'accorda à la proposition de Mademoiselle du ***, & estant sortis par cette porte dont nous venons de parler, nous trouvâmes ce grand terrain uni, où les jeunes gens de l'un & de l'autre sexe estoient assemblez: Les uns se promenoient, les autres estoient assis sur des bans de pierre qui sont tout autour, quelques-uns contoient des fleurettes à leurs maistresses, & d'autres s'entretenoient d'affaires ou de nouvelles avec leurs amis. Nous considerâmes quelque temps cette nombreuse assemblée: Les Dames nous parurent bien faites, mais les Cavaliers, si l'on en excepte huit ou dix, n'avoient pas trop bon air, bien qu'à leurs manieres un peu fieres, on pût facilement juger qu'ils estoient fort persuadez de leur merite : Pendant que nous faisions ces reflexions, nous vîmes deux hommes ensemble qui estoient assez éloignez de nous, je crûs qu'il y en avoit un qui estoit de mes amis, & en effet je ne me trompay pas, dés qu'ils se furét approchez ; le Chevalier de Beauchamp (c'estoit le nom de mon amy) m'ayant apperceu, vint au plus vifte les bras ouverts me témoigner en m'embraſ-fant la joye qu'il avoit de me revoir, & peu apres m'ayant demandé qui eſtoient les Dames que j'accompagnois, & l'ayant appris de moy il leur fit cent civilitez, & il les pria d'agreer qu'il eut l'honneur de leur donner la main, comme il eſt admirablement bien fait, & qu'il a beaucoup d'eſprit, il fut fort bien receu, & nous fûmes fort

…e d'avoir trouvé un …omme de si bonne com-…gnie, & de qui nous …uvions apprendre le …m des personnes que …us voyons en ce lieu, …us le priasmes d'abord … nous dire qui estoit …uy qu'il venoit de …itter, qui se faisoit as-… remarquer par la ma-…ificence de ses habits, … par trois grands la-…ais fort propres dont il …oit suivy ; nous luy …oüasmes franchement …e sa figure nous paroiſsoit extraordinaire, qu'il estoit mal tourné & désagreable, & que tout cela ensemble nous donnoit une grande curiosité de sçavoir son nom. Mademoiselle du *** luy dit mesme qu'elle croyoit qu'il avoit choisi exprés la compagnie de cet homme, pour faire paroistre d'avantage sa bonne mine; si vous aviez ce dessein dit-elle, vous ne pouviez mieux rencontrer. Sa petite taille contrainte, sa teste enfoncée entre

entre les épaules, son front serré, ses sourcis herissez, son nez large & écrasé, ses yeux ronds & égarez, sa bouche grande & ses cheveux roux, qu'il croit estre sans doute d'un fort beau blond, puisqu'il les préfere à une perruque. Tout cela fait un bel effet auprés de vous; & s'il est marié il faut que sa femme ait bien de la vertu pour luy estre fidelle : s'il n'a eu assez d'adresse pour gagner le cœur de sa moirié, repartit le Chevalier, du moins il a eu assez de malice & assez de finesse pour s'en défaire sans bruit, lors qu'il a connu qu'elle avoit trahy son devoir, & qu'elle avoit trop favorablement écouté un de ses parens qui estoit plus aimable que luy; mais sa cruauté est si fort detestée de tout le monde, qu'on n'a guere commerce avec luy, & l'on ne le regarde que comme un scelerat, qui ne peut manquer de perir miserablement. Je n'estois mesme avec luy que pour luy recommander les interests d'un de mes intimes amis, dont il est le Raporteur; & j'ay esté ravy que vostre heureuse rencontre m'ait donné lieu de me separer de luy. Ce que dit le Chevalier donna une grande curiosité à Mademoiselle du ***, d'apprendre l'histoire de ce méchant homme; elle le pressa de si bonne grace, qu'il ne pût se deffendre de la satisfaire,

D ij

ce qu'il fit en ces termes.

HISTOIRE

DE

BEAUREGARD.

LE nom de celuy dont vous voulez que je vous conte les avantures, ne convient guerre à sa personne, on l'appelle Beauregard, & il est un des Conseillers de cette ville, bien qu'il n'ait aucune des qualités necessaires pour se faire aimer, il n'a pas laissé d'estre sensible à l'amour, un de ses parens que nous nommerons Brassac Capitaine dans un Regiment de Cavallerie, voyoit assez souvent une des plus belles filles de la Ville, Olympe c'est ainsi qu'on l'appelloit, connoissoit tout le merite de Brassac, mais ses sentimens pour luy, n'alloient pas au delà de l'estime, elle luy disoit souvent qu'une fille bien née doit toûjours garder sa liberté, & conserver son cœur à celuy que ses parens voudroient luy donner pour mary. Brassac tâchoit en vain de combattre ces maximes, & luy demandoit quelque-fois si elle pourroit se resoudre à épouser un homme qui n'auroit aucun agrément, elle luy répondoit toûjours que dans ces rencontres il falloit fermer les yeux, & n'écouter que son devoir : Braſſac qui n'avoit pas aſſez de bien pour pouvoir l'obtenir de ſes parens, ſe miſt en teſte de luy faire épouſer un homme mal fait & deſagreable, eſperant qu'enſuite il pourroit devenir le favory de cette belle. Il jetta les yeux ſur Beauregard, qui avoit un établiſſement aſſez conſiderable pour faire la fortune d'Olympe, il luy vanta

le merite de cette belle fille, & luy en fit une peinture si agreable, qu'il l'en rendît amoureux avant que de l'avoir veuë. Pour faire reüssir son dessein il mena Beauregard à une promenade où il sçavoit qu'Olympe se devoit trouver, & il fit avoüer à son parent qu'il ne l'avoit point flattée, & qu'elle avoit mille fois plus de charmes qu'il ne luy avoit dit; Beauregard dés ce mesme jour pria Brassac de pressentir si les
parens

parens d'Olympe auroiét la recherche agreable. Brassac ravy d'avoir mis son parent au point qu'il l'avoit desiré, parla dés le lendemain au pere d'Olympe, & ayant esté écouté favorablement, il combla Beauregard de joye, en luy aprenant l'heureux succés de sa negociation. Olympe ne connoissoit pas Beauregard, parce qu'elle avoit esté long-temps à la campagne chez une de ses tantes, & comme elle

E

s'eſtoit fait une loy d'o-
beïr aveuglement à ſon
pere ; elle accepta le mary qu'on luy propoſoit,
ſans s'informer du me-
rite de ſa perſonne. Ce-
pendant Beauregard qui
s'eſtoit perſuadé que la
magnificence eſt un
grand ſecret pour ga-
gner le cœur des jeunes
perſonnes, employa les
meilleurs Ouvriers de la
Ville pour faire un ſu-
perbe équipage, & tâcha
de marquer à ſa maî-
treſſe la grandeur de ſa

passion par la beauté des prefens qu'il luy envoya: Apres avoir fait toutes ces avances, il esperoit d'estre receu favorablement, il rendit visite à Olympe; mais quelque soin qu'elle prit de cacher sa surprise, il ne laissa pas de remarquer qu'elle avoit beaucoup de repugnance pour luy, elle le traita neanmoins fort civilement; mais la contrainte qui paroissoit dans ses discours, marquoit assez le combat secret qui se faisoit dans son cœur, comme on se flatte aisément dans ce qu'on desire: Beauregard ne desespera pas de luy faire changer de sentiment, & il continua de se servir des moyens qu'il crût les plus propres pour luy inspirer de l'amour. Cependant le jour destiné pour le mariage arriva, & comme c'estoit dans le temps du carnaval; on n'oublia aucune des choses qui pouvoient contribuer au divertissement de la compagnie qu'on avoit prié à la nopce ; l'harmonie des violons & la bonne chere, empêcherent pendant quelque temps Olympe de faire reflexion sur son malheur ; mais lors qu'on l'eût mise au lit, & qu'elle vit paroistre Beauregard en bonnet de nuit, & denüé des ornemens qui pouvoient cacher sa laideur : La presence d'un objet si affreux, la jetta dans un desordre auquel toute sa fermeté ne pût resister, ses forces l'abandonnerent, une morne pâleur se répandit sur son visage; & les Dames qui estoient autour d'elle, s'apperceurent qu'elle estoit évanoüye. Beauregard fut extrememét afligé de la voir en cet estat; & apres avoir employé tous ses soins à la faire revenir de sa défaillance, il crût qu'il valoit mieux s'éloigner & differer son bon-heur, que d'hazarder par sa presence de la faire retomber dans

de Provence. 55

un pareil accident. Il alla passer le reste de la nuit dans une chambre proche de la sienne ; Brassac auroit pris volontiers la place que Beauregard quittoit, mais il vit bien qu'il falloit attendre une occasion plus favorable pour découvrir ses sentimens à sa maîtresse, Olympe passa toute la nuit à verser des larmes, qu'un mariage si mal assorty tiroit de ses yeux. Brassac vint le lendemain à sa toilette, & luy dit en plaisantant, qu'elle n'avoit pas lieu de s'affliger, qu'aprés tout Beauregard ne luy devoit pas déplaire ; puis qu'il faisoit auprés d'elle le même effet que les Mores font dans les portraits, que les habiles Peintres placent auprés des belles qu'ils representent. Elle ne pût s'empêcher de rire de cette pensée, & insensiblement elle se mit de si belle humeur, qu'elle se resolut à ne plus se tourmenter, & à souffrir l'époux qu'on luy avoit donné. Braſſac qui connut les ſentiments d'Olympe s'en fit honneur auprés de Beauregard : Beauregard qui crût luy eſtre obligé des complaiſances d'Olympe, luy en ſçeut bon gré, & le regarda comme le meilleur de ſes amis ; quand il paſſoit un jour ſans le venir voir, il ſe plaignoit de ſa negligence ; & Braſſac qui ne manquoit pas d'eſprit, ſçavoit bien profiter de la liberté qu'il luy donnoit. Il inventoit tous les jours de nouveaux plaisirs pour divertir Olympe, & luy faisoit si bien remarquer la différence qu'il y a entre un Amant bienfait, & un mary dégoûtant, qu'il n'y avoit plus qu'un reste de vertu qui s'opposât au bon-heur de Brassac. Un jour estans allez ensemble à la promenade au jardin de Beauregard, l'ardeur du Soleil les obligea de passer sous un berceau qui regne le long d'un parterre, émaillé des plus belles fleurs de la faison; ils confidererent quelque temps une fontaine, qui fortant avec impetuofité, pouffoit en l'air une quantité d'eau prodigieufe, & retomboit dans fon baffin avec beaucoup de bruit; & apres qu'ils eurent traverfé une longue allée de Lauriers, ils entrerent dans une grotte où des coquillages de couleurs & de figures differentes, formoient une montagne rustique, de laquelle sortoient plusieurs jets d'eau, qui retombant dans de petits bassins, faisoient des cascades & des nappes les plus agreables du monde : Ce lieu sembloit si propre à cacher un larcin amoureux, que Brassac ne voulut pas laisser échaper une si belle occasion. Il fit asseoir Olympe sur des sieges de Marbre qu'on avoit pratiqué dans les enfoncemens de la grotte, & luy adressant la parole ;

Madame, luy dit-il. J'ay trouvé le moyen de mettre voſtre beauté à couvert des rayons du Soleil, ſi vous aviez l'ame reconnoiſſante, vous me tiendriez compte des petits ſoins que j'ay pris pour vous, & vous adouciriez l'ardeur qui me conſume depuis plus de trois ans. Ne ſçavez vous pas, dit Olympe, que vous eſtes le ſeul qui avez le privilege de me voir à toute heure, & que je ne vous ay diſtingué de mes autres amis, que par-ce que je vous ay vû plus sage que tous les autres. Vous m'avez le premier donné des leçons de mon devoir, & vous m'avez aidé à surmonter l'aversion que j'avois pour mon époux, voudriez-vous maintenant par une conduite conttaire, effacer les obligations que j'ay crû vous avoir, & vous rendre indigne de l'estime que je vous ay accordé! Ah Madame, reprit

Brassac, vous avez tant de charmes, que vous ne devez pas vous eston- ner si j'ay oublié au- jourd'huy, tout ce que je vous ay dit autre-fois. Lors que je vous don- nois ces avis dont vous venez de me parler, je ne songeois qu'à vostre établissement, & qu'à vous voir l'épouse d'un homme qui me crût de ses amis, & que vous ne pussiez aimer. Songez je vous prie, ajousta-t-il en se jettant à ses pieds, qu'il y a six mois que vous estes fidelle à Beauregard, & que tout autre que vous, n'auroit pû souffrir six jours un monstre si horrible, usez de vostre discérnement, & sans vous arrester à ce vain Phantôme d'honneur. Ayez quelque complaisance, pour une passion que vous avez fait naistre long-temps avant vostre mariage, & qu'il n'a tenu qu'à vous & à vos parens de rendre legitime. Je sçay connoistre

de Provence.

ftre repartit Olympe en le relevant, ce que vous vallez, & s'il n'avoit dépendu que de moy, vous auriés efté heureux : Mais puifque ma mauvaife deftinée m'engage ailleurs, éteignez un amour inutile, ou ne me voyez jamais; elle voulut en même temps fortir de la grotte, mais Braffac la retint par la juppe & l'obligea de demeurer. On ne fçait pas ce qui fe paffa dans une converfation fi tendre : Mais

E

une fille qui servoit Olympe m'a dit que lors qu'elle en sortit, ses joües estoient peintes du p[lu]s vif incarnat, & que le feu brilloit dans ses yeux; depuis ce temps il parût entr'eux certaine intelligence, qu'ils ne pûrent cacher aux yeux de Beauregard. Il se servit de toute son adresse pour rompre ce commerce: Il mena sa femme à la campagne, il tâcha d'éloigner Brassac, en luy faisant representer par ses amis, qu'il perdoit sa fortune par le sejour qu'il faisoit à Nismes; qu'il falloit renoncer à toutes ses galanteries, s'il vouloit estre un jour dans le poste qu'il pouvoit esperer par sa valeur & par son merite; mais tout ce que Beauregard fit pour desunir ces Amans, ne servit qu'à serrer le nœud de leur intelligence: Il leur fit connoistre qu'ils luy feroient plaisir de ne se voir plus;

mais ils tournerent la chose en plaisanterie. Enfin la jalousie troubla tellement sa raison, que sans considerer qu'il alloit rendre sa honte publique, il porta ses plaintes au Gouverneur de la Province, de l'infidelité que luy faisoit Brassac, & il le pria d'employer son authorité, pour l'empêcher de continuer des visites qui faisoient toutes ses inquietudes. Le Gouverneur qui avoit quelque égard pour luy, ne voulut pas luy faire honte de sa foiblesse, & il le renvoya sans s'engager à luy que par des paroles generales.

Cependant cette proposition luy parut si bizarre & si extraordinaire, qu'il ne pût s'empêcher d'en parler à quelques Gentils-hommes de la Ville ; mais comme on ne garde guere le secret en des choses de cette nature, & qu'on aime d'ordinaire à s'en divertir. Cette avanture se répandit bientoſt par toute la Province, & pluſieurs indiſcrets firent des railleries à Beauregard qui le mirent au deſeſpoir.

Il avoit un valet de chambre, qui avant ſon mariage gouvernoit toute ſa maiſon ; ſoit que ce valet voulut du mal à Madame de Beauregard, de ce qu'elle avoit diminué ſon pouvoir & ſes profits, ou que par un zele à contre-temps, il prît trop de part à la honte de son maistre ; il observa avec tant de soin les rendezvous de Brassac & de Mad^e de Beauregard, qu'ils ne pûrent échaper à sa penetration : Apres avoir découvert tout le mystere, il en donna connoissance à Beauregard, qui de peur de reveiller des bruits qui paroissoient assoupis, feignit de n'en rien croire, & obligea par là ce garçon à luy offrir de luy faire surprendre ces deux Amans. Pour se delivrer

de ses importunitez, il fut contraint d'accepter l'offre qu'il luy faisoit, ne croyant pas qu'il luy deût tenir parolle, & pousser son indiscretion jusque à perdre sa maîtresse. Cependant il se trompa dans ces conjectures. Un jour qu'il estoit au Palais, ce valet le fit appeller, & luy dit qu'ayant vû ces deux Amants ensemble, il les avoit enfermez dans la chambre de sa maistresse sans faire de bruit, &
qu'en

qu'en ayant la clef dans sa poche, il ne tiendroit qu'à luy de s'éclaircir de ses doutes: Beauregard le suivit, & ayans pris deux pistolets dans son cabinet, il luy en donna un, & le mit en sentinelle à la porte avec ordre de ne le pas suivre, & d'empêcher Brassac de luy échaper; il ouvrit ensuite la porte & la referma doucement sur luy, de-là passant le pistolet à la main dans la ruelle du lit de sa femme, il y trouva Brassac assis sur un fauteüil. Il luy dit de sauter par la fenestre, s'il ne vouloit qu'il lavât dans son sang l'injure qu'il venoit de luy faire. Le party estoit trop honneste pour le refuser. Brassac qui avoit beaucoup de disposition, sauta aisément dans le jardin, & se sauva par une porte de derriere qu'il trouva ouverte. Cependant Beauregard retourna vers sa femme, & luy fit une reprimande si douce, qu'elle s'accusa d'ingratitude, d'avoir trompé un homme dont elle n'avoit aucun sujet de se plaindre, & s'étant jettée à ses pieds, fondant en larmes, elle luy promit de changer de conduite. Ce paisible mary apres avoir receu ses excuses, luy dit de se mettre au lit, & alla trouver son indiscret confident qu'il traita d'imposteur, & luy ayant commandé de chercher ce pretendu galant dans tout cet apartement, lorsqu'il le vit interdit & confus de n'avoir rien trouvé, il luy paya ses gages, le renvoya, l'avertit de n'avancer jamais des choses de cette nature qu'il n'en fut entierement assuré, & luy deffendit de paroître jamais devant luy, s'il ne vouloit s'attirer un traitement plus rude. Depuis ce temps-là Beauregard vécut en bonne intelligence avec sa femme, Brassac cessa de luy donher de l'inquietude, & allant enfuite à Turin il fut affaffiné par des Bandits. Six mois aprés, Madame de Beauregard tomba dans une maladie de langueur dont elle mourut, & dont Beauregard fçavoit feul la caufe.

Voila, continua le Chevalier, la fin tragique de Madame de Beauregard & de Braffac. Il y a beaucoup d'apparence que le crime de Beauregard ne fera pas non plus impuny.

Comme le Chevalier

achevoit ces dernieres paroles, Madame de *** nous avertit qu'il estoit temps de retourner à l'Hôtellerie. Le Chevalier y conduisit nos Dames, & prit ensuite congé de nous.

Il me semble que je vous ay assés arresté à Nismes, mais encore ne faut il pas sortir de cette Ville, sans vous parler de la nouvelle Academie qui vient d'y être établie par les soins de nostre cher amy Monsieur de Faure, dont vous con-

de Provence. 78

noiſſés le merite. Vous ſçavez que par l'application qu'il a toûjours euë à l'étude des belles Lettres, il s'eſt attiré l'eſtime des honneſtes gens, & qu'il a fait paroiſtre en pluſieurs occaſions, la delicateſſe de ſon eſprit. Cette Academie eſt compoſée de vingt-ſept perſonnes qui ont des talens à les faire diſtinguer. Il y en a meſme qui ſont de grande qualité, & le digne Protecteur qu'ils ont choiſi, ne contribuë pas peu à rendre conſiderable

G iiij

leur Compagnie. C'est Monsieur l'Evêque de Nismes de l'ancienne Maison de Seguier, dont la vertu & la haute pieté sont connuës de tout le monde. Il joint à ces grandes qualités, une douceur & une honnesteté qui luy gagnent le cœur des personnes les plus indifferentes. Sous un Chef si illustre, on a lieu d'esperer que cette nouvelle Academie ne sera pas un des moindres ornemens du Royaume, & qu'elle secondera heureusement les glorieux travaux de l'Academie Françoise, qui s'occupe incessamment à immortaliser la gloire de noſtre Auguſte Monarque. Il eſtoit bien juſte, que comme la Famille Royale augmente tous les jours, le nombre de ceux qui doivent apprendre à la poſterité nôtre joye & noſtre bonheur, augmentât auſſi. C'eſt ce qu'il ſemble que Meſſieurs de Niſmes ſe ſont propoſés, lors que voulant faire connoiſtre qu'ils ne

Voyage

pretendent que suivre les traces d'une Compagnie qui a pris une Couronne de Laurier pour Devise, ils ont fait choix d'une Couronne de Palme, avec ces mots: ÆMULA LAURI. Voilà tout ce que j'avois à vous dire de Nismes.

Nous avions fait si mauvaise chere à Nismes & nous avions esté si mal mal couché en ce lieu, qu'il nous tardoit d'en estre dehors; si bien que dés le point du jour nous nous mîmes en chemin.

Quoy-que nous n'euſſions pas une grande journée à faire, neantmoins il nous fut bien avantageux d'eſtre partis matin à cauſe d'un petit accident, dont je vais vous faire le recit.

Nous arrivâmes avant midy ſur le bord du Gardon qu'il faut neceſſairement paſſer pour aller à Villeneuve d'Avignon, où nous devions coucher: Bien que cette riviere ſoit toûjours guéable, de jeunes garçons qui estoient sur ses bords, nous firent accroire que ses eaux estoient trop enflées pour en tenter le passage. Ayant ajoûté foy à ce qu'ils disoient, nous nous engageâmes dans un batreau qu'ils avoient à quelques pas de là, mais à un endroit où la pente estoit si roide, que les chevaux ne pûrent descendre sans s'abatre, & le carrosse faillit à se briser. Ce contre-temps nous amusa plus de deux heures, &

fut cause que nous n'arrivâmes que fort tard à VILLENEUVE.

Cette Ville a sur une éminence un Fort qui la commande ; on l'appelle le Fort Saint André. Sa garnison n'est composée que de quelques mortepayes qui sont sous un Gouverneur qui dans le poste où il est, peut dormir tranquillement sans crainte d'estre surpris par les ennemis de l'Estat. C'est l'azile ordinaire de ceux qui ont commis quelques crimes dans le Comtat, comme Avignon est le refuge de ceux qui craignent la Iustice de France.

Auprés de cette petite place est un Convent de Benedictins, & plus avant dans la Ville on trouve une grande Chartreuse qui jouït de cinquante mil écus de rente, & où les Religieux traitent magnifiquement ceux qui leur viennent rendre visite.

de Provence.

Vous sçavez que le Rhosne separe Avignon de Villeneuve, & quoy qu'il y ait un Pont sur cette riviere, il est si ruiné, que nous fûmes contraints de la traverser en bateau.

Vous voulez bien avant que de continuer le recit de mon Voyage, que je vous entretienne de ce que j'ay vû autrefois dans cette Ville, avec plus de loisir que je n'en avois lors. Ses murailles quoy que fortes anciennes ont un air de grandeur & de magnificence, qui fait voir de quelle consideration elle a esté du temps des Romains; elles font creneléees, & l'on trouve en haut un chemin couvert qui les environne, & qui sert le soir de promenade aux Dames quand les portes sont fermées.

Du costé du couchant, Avignon est bordé par le Rhosne, qui coule le long de ces murailles, & d'un autre costé un bras de la Sorgue traverse cette Ville, & la coupe par le milieu. Elle est la plus considerable du Comté Venaiscin, & le Siege du Vice-Legat du Pape, à qui nos Rois en ont donné la Souveraineté. Ses ruës sont larges & droites, & ses Eglises superbes, principalement celle des Celestins, où l'on voit le Corps de Saint Benesech, qui depuis trois cens ans s'est conservé tout entier. On y trouve aussi le Tombeau de Robert fils d'Amé, troisiéme Comte de Geneve. Il fut élevé au Pontificat, à l'aage de trente-six ans ; ce qui n'a eu depuis d'exemple qu'en la Personne de Leon dixiefme. Les Cardinaux François prétendans avoir esté violentez dans l'Election d'Urbain sixiefme, furent venir à Fondy trois Cardinaux Italiens, dont ils avoient gaigné les voix, & tous ensemble l'éleverent au Pontificat.

de Provence. 87

Il prît le nom de Clement VII. & donna naissance à ce malheureux Schisme, qui dura plus de cinquante ans. Il établit sont Siege à Avignon pour estre plus proche de la France, & de l'Espagne, qui avoit pris son party contre Urbain, qui estoit soûtenu par les Allemands & par les Italiens. Il mourut à l'aage de cinquante deux ans, & fut enterré dans le Cœur de l'Eglise des Celestins, dont je viens

de vous parler : Sa statuë est en Marbre sur son Tombeau, bien travaillée & avec tant d'Art, qu'elle approche beaucoup du naturel. Si ce mausolée vous met devant les yeux, les malheurs que ce Shifme a causés dans l'Eglise, on ne peut regarder sans veneration, le Tombeau du bien-heureux Pierre de Luxembourg, qui est dans une grande Chapelle, autour de laquelle ses miracles sont repre-
sentés

sentés en divers tableaux. L'Eglise des Celestins charme les yeux par la beauté de ses peintures, & de ses statuës ; mais on ne peut assez admirer l'Architecture hardie de celle des Cordeliers. Quoy que le cintre de sa voûte soit d'une largeur extraordinaire, il n'est soûtenu d'aucun pilier. Dans une Chapelle de cette Eglise, on trouve le Tombeau de Petrarque, & de la belle Laure ; & bien que ce Tombeau n'ait rien de remarquable par ſes ornemens, les Vers de cet illuſtre Poëte, & la vertu de ſa maîtreſſe, l'ont rendu ſi celebre, qu'il ne laiſſe pas d'eſtre digne de la curioſité de tous ceux qui aiment les belles Lettres.

François Premier qui connoiſſoit le merite de ce grand homme, voulut bien honnorer leur mauſolée d'une Epitaphe de ſa façon, afin de faire paſſer à la poſterité la fidelité, & la diſcretion

de Provence.

de Petrarque, & les vertus & les graces de la belle Laure. Voicy les Vers dont il s'est servy pour exprimer sa pensée, qui font connoistre l'esprit de ce Prince, & le stile naïf de son siecle.

En petit lieu compris, vous pouvez voir,
Ce qui comprend beaucoup par renommée ;
Plume, Labeur, la Langue & le devoir,
Furent vaincus par l'Amant de l'Aimée.

O ! gentille ame eſtant tant
 eſtimée,
Qui te pourra loüer qu'en
 ſe taiſant ;
Car la parole eſt toûjours
 reprimée,
Quand le ſujet ſurmonte le
 diſant.

On eſtime encor beaucoup dans cette Ville, l'Egliſe de Noſtre-Dame de Doms. Elle eſt remarquable par ſon antiquité, ſuperbe par ſa ſtructure, venerable par ſes Reliques, curieuſe par ſes *e Provence.*

Peintures, & magnifique par ses Tombeaux. Comme cette Ville est depuis long-temps sous la domination des Papes, il y a tant d'Eglises & de Monasteres, qu'ils en occupent presque la moitié, elle est neanmoins fort vaste, mais elle n'est pas peuplée à proportion, parce que la plus grande partie des maisons ont des jardins, & qu'on a mesme enfermé des terres labourables dans son enceinte.

Le Palais du vice-Legat fut basty par les soins de Jacques d'Ossat, qui d'Evêque d'Avignon fut fait Pape, & prit le nom de Jean XXII. C'est une grande masse de bastiment qui n'a rien de regulier. On y trouve une salle qu'on apelle l'Amirande, d'où l'on découvre un païsage fort agreable. A l'opposite de ce Palais, on voit la maison de la Monnoye qui en est separée par une grande place d'armes

Son Architecture quoy qu'ancienne, est tres-bien entenduë, & plaist à la veuë.

Les Juifs ont une Sinagogue à Avignon, leur quartier est fort serré, mal basty, & sent fort mauvais, leur Temple est entouré de plusieurs petites lampes de verre de diferentes grandeurs, qu'on allume toutes les fois qu'ils font leurs Ceremonies & leurs prieres. Les femmes y sont separées des hommes ; elles s'assemblent dans un lieu vouté, qui est au dessous de l'endroit où sont les hommes : Ce lieu ne prend jour que par une grande grille de fer qui est au milieu de la voûte ; c'est de-là d'où elles entendent les Predications de leurs Rabins. Cette miserable Nation est exposée à mille avanies, qu'elle souffre tous les jours sans oser en murmurer ; ce qu'on doit regarder comme un effet visible

visible de la malediction que Dieu luy a donné, & comme une punition du crime énorme qu'elle a commis.

On accuse les femmes d'Avignon d'une extrême coqueterie, ce n'est pas que je n'en connoisse qui sont des exemples de vertu. Pour les hommes,

On dit qu'ils sont voluptueux,
Qu'ils sont bien faits, fort amoureux;

Le jeu, le bal, la bonne chere,
Les occupent inceſſamment,
Ils en font leur plus grande affaire,
Et leur unique amuſement.

Comme les Dames de cette Ville ne reſiſtent guere à leurs ſoins, ils croyent trouver par tout la meſme facilité, & n'ont pas pour les Etrangers, tout le reſpect qu'ils devroient avoir. Nous nous trouvâmes logez avec un Capitaine Suisse, qui nous conta l'insulte que quelques-uns de ces jeunes évaporés firent il y a quelque tems à une Chanoinesse de Maubeuge, qui allant à Rome passa par Avignon. Voicy le recit qu'il nous en fit.

Je vins, dit-il en cette Ville il y a environ deux ans, pour donner ordre à quelques affaires qui m'obligerent a y faire quelque sejour. J'estois logé dans la mesme Hôtellerie, & dans la mesme chambre que j'occupe aujourd'huy; & dans celle où nous sommes presentement, j'eus le plaisir de trouver un Colonnel de Dragons mon intime amy, avec qui j'avois servy en Flandre. Il me fit mille caresses, & me témoigna la joye qu'il avoit de me revoir, après une assez longue absence. Ie répondis de bonne foy à ses obligeans sentimens, & nous renouvellâmes avec plaisir noſtre ancienne amitié.

Pour me donner des preuves de la continüation de ſon affection, & de la confiance qu'il avoit en moy, il me fit paſſer dans la chambre qui eſt joignant celle-cy, & me preſentant à une fort belle perſonne que j'y trouvay, il la pria de me recevoir comme le meilleur de ſes amis, & il luy proteſta qu'elle l'obligeroit ſenſiblement de me regarder comme l'homme du monde qu'il consideroit le plus. Cette Dame en usa comme il le souhaitoit, & me traita fort civilement. Aprés une heure de conversation, Montigny c'est le nom de ce Colonel, me proposa de nous aller promener dans le jardin d'un Gentil-homme de sa connoissance, qui avoit les plus rares & les plus belles fleurs qu'on peut peut trouver en ce païs. Je m'y accorday, d'autant plus facilement que j'avois beaucoup de curiosité, de sçavoir qui estoit cette Dame à qui il m'avoit presenté, & ce qui l'avoit obligée de venir en ce lieu. Apres que nous nous fûmes promenez quelque temps dans une fort belle allée d'Orangers, je dis à mon amy, ce qui m'avoit amené à Avignon, & je le priay de m'aprendre par quelle avanture il y estoit avec cette belle Dame que nous venions de quiter. Mon amy ne fut pas surpris que je luy fisse cette priere, & comme la plûpart des Amans n'ont pas de plus grand plaisir que de parler de leur maîtresse; il ne se fit pas presser, & il satisfit ma curiosité, à peu prés en ces termes.

HISTOIRE

DE MADAME

DE L'ISLE,

ET DE

MONTIGNY.

LA Dame dont vous desirez sçavoir les avantures, s'apelle Madame de l'Isle, & elle est

Chanoinesse de Maubeuge, & par là vous pouvez juger qu'elle est de tres-bonne maison; estant extrémement belle, & ayant de l'esprit autant qu'on en peut avoir, elle a esté recherchée par bien des gens, & il n'a tenu qu'à elle qu'on ne l'ait mariée avec un des plus riches & des plus grands Seigneurs de Flandre, de l'Illustre maison d'Egmond. Comme elle n'a ny pere ny mere, & qu'elle n'a pour tout bien que la beauté & la naissance en partage. Ses parens ont fait tout ce qu'ils ont pû pour la persuader de vouloir consentir à la passion de ce Seigneur, mais s'en voyât extrêmément pressée, l'aversion qu'elle avoit pour luy, l'obligea à se jetter dás le Convent de Maubeuge, où une de ses parentes qui est du nombre des Chanoinesses la fit recevoir. Ses parens bien estonnés de sa retraite, eurent recours au

Gouverneur des Païs-bas, & comme il alloit se servir de toute son authorité pour la faire sortir de cette maison. Il arriva pour le bon-heur de cette Dame, que nous assiegeâmes Maubeuge, & que nous prîmes cette place. Quoyque Madame de l'Isle eût tout sujet d'estre dans les interests du Roy d'Espagne, deux de ses freres ayant des Emplois considerables dans l'armée de Flandres, elle ne pût s'empêcher de se rejoüir de la Conqueste de nostre Prince, puisque cette Conqueste l'avoit delivrée de la cruelle persecution qu'on luy faisoit. Sa repugnance pour le Comte d'Egmond qu'on luy avoit destiné estoit extréme, & quoy qu'elle vit bien les grands avantages qu'elle pouvoit esperer de son alliance, elle n'avoit jamais pû vaincre l'aversion naturelle qu'elle avoit pour luy, dans le temps qu'elle estoit combatuë de ces differentes pensées, les Officiers de la garnison venoient presque tous les jours dans le Convent: J'y allois comme les autres, & j'y fus si souvent, que je commençay à m'apercevoir que ma conversation ne déplaisoit pas à cette belle personne. Comme je ne songeois qu'à faire la Conqueste de son cœur, il n'y eust rien que je ne fisse pour y entrer; je la voyois autant que la

de Provence. 111
bien-seance me le pou-voit permettre; & je ne laissois pas perdre la moindre occasion de l'obliger; elle est d'une beauté si extraordinaire & si engageante, que vous n'aurez pas de peine à croire que je l'ai-may passionnement. Je fus assez heureux pour trouver deux ou trois occasions de luy faire connoistre mon amour par des services confide-rables; toutes mes actions luy en parloient, & j'en-

trois si fort dans tous ses interests, qu'aprés cinq ou six mois de perseverance, je crûs que j'estois bien dans son esprit & un peu dans son cœur. Elle me disoit toutes ses pensées, & me contoit tous les chagrins que ses parens luy avoient donnez ; je luy faisois si bien voir que j'en estois vivement touché, qu'elle s'accoûtuma insensiblement à souffrir que je l'entretinsse de ma

de Provence. 113

ma paſſion, & des peines qu'elle me cauſoit: Mais enfin il arriva que le Comte d'Egmond, & les parens de la belle s'étans joints bien plus fortement qu'ils n'avoient encore fait, trouverent le moyen d'obtenir un ordre du Roy, adreſſant au Gouverneur de Maubeuge, pour faire ſortir Madame de l'Iſle du Convent, & la remettre entre les mains de ſes parens. La choſe ne ſe pût faire ſi ſecrettement qu'-

K

elle ne vint à la connoiſ-
ſance d'un de mes amis
qui ſçavoit noſtre intri-
gue; il ne perdit pas un
moment à m'en donner
avis, & il m'envoya
un de ſes gens en poſte
avec une Lettre qui m'a-
prit cette nouvelle ſur-
prenante. Ce valet fit
une ſi grande diligence,
qu'il arriva deux jours
plûtoſt que le Courier :
D'abord j'allay porter
ma Lettre à Madame de
l'Iſle qui faillit à mourir,
ſe voyant à la veille d'e-

ſtre encore exposée à la persecution de ses parens; je la consolay le mieux qu'il me fût possible, & autant qu'un homme accablé de douleur le pouvoit faire. Nous fûmes plus de deux heures à verser des larmes, sans sçavoir à quoy nous determiner; mais enfin mon amour ayant fait taire ma douleur, il me servit si bien auprés de Madame du l'Isle, qu'apres avoir tiré parole de moy, que je ne m'éloignerois jamais du respect que je luy devois; Elle me promit de sortir du Convent, & d'aller sous ma conduitte à Rome, trouver un de ses oncles Commandeur de Malthe, & grand amy du Marquis de Liche, Ambassadeur du Roy d'Espagne auprés de sa Sainteté. Ie fus si charmé de sa resolution, que m'estant jetté à ses pieds & les moüillant de mes larmes; je luy protestay qu'apres tant de bontez, elle pouvoit s'assurer que je serois eternellement attaché à son service, & que je conserverois toute ma vie le souvenir de la grace qu'elle venoit de m'accorder. J'allay donner ordre à toutes les choses qui estoient necessaires pour nostre départ, pendant que Madame de l'Isle alla trouver la Superieure, à qui elle demanda permission de sortir de sa maison, sous pretexte qu'elle avoit receu des Lettres de son oncle le Commandeur, qui luy ordonnoit de le venir trouver à Rome: Il ne luy fut pas difficille d'obtenir cette permiſſion ; ces Dames comme vous ſçavez, n'eſtant engagées par aucun vœu. Dés le meſme ſoir elle coucha chez une de ſes meilleures amies, à qui elle dit l'eſtat violent de ſes affaires, & la reſolution qu'elle avoit priſe. Dés qu'on ouvrit les portes de la Ville, nous en ſortiſmes dans une littiere fermée, qui nous porta jusques à la dîsnée, où nous trouvâmes une chaise roulante, dont nous nous servîmes si heureusement, qu'en changeant de chevaux à chaque poste, nous sommes arrivez icy en huit jours sans que cette diligence ait alteré la santé de Madame de l'Isle. Nous ne doutons pas que son oncle ne consente agreablement à nostre mariage, quand ce ne seroit que pour faire dépit au Comte d'Egmond qu'il hait mortellement, & avec qui il a eu de grands démeslés. Voila mon cher amy, l'estat de ma fortune; voyez apres ce que je viens de vous confier, si j'ay rien de caché pour vous.

Montigny finist ainsi son discours, & apres que je luy eust témoigné combien j'estois sensible à cette nouvelle marque d'amitié qu'il venoit de me donner, nous

nous fortîmes enfemble du jardin, nous n'en eftions pas fort éloignez, lors que je trouvay un de mes amis, qui m'arrefta pour m'entretenir d'une affaire qui le regardoit.

Montigny qui entend bien fon monde, nous quitta pour aller à l'Hôtellerie, où je luy dis que je me rendrois dans un moment : En effet j'y arrivay peu de temps apres ; & entrant dans ma chambre, j'entendis dans celle de Madame de l'Isle, un cliquetis d'épées qui me surprît, & la voix de Montigny qui crioit au secours, on m'assassine; je fus à luy incontinent, & je le vis l'épée à la main qui se deffendoit comme un Lion contre trois jeunes hommes de la Ville, dont les visages ne m'étoiét pas inconus, & dont vous me permettrez de cacher les noms, pour leur épargner la honte d'une si méchante action.

Je n'eus pas besoin de me servir de mon épée, pour les remettre dans le devoir, & je leur fis tant de confusion, en leur représentant combien ils se faisoient de tort, d'insulter ainsi des Etrangers, qu'ils se retirerent, & se contenterent de me prier de ne parler à personne, de ce que j'avois vû: Lorsque je fus seul avec Montigny & Madame de l'Isle, je leur demanday l'éclaircissement de cette avanture; alors elle prit la parole. Apres que vous m'avez eu quittée, dit-elle; je suis allée à l'Eglise la plus prochaine pour entendre la Messe, & lors que je voulois commencer à faire mes Prieres, j'ay aperceu que ces jeunes gens me regardoient avec beaucoup d'attention, ce qui m'a obligé de baisser mes coëffes: Dés que la Messe a esté finie, je suis revenuë dans cette chambre, où un moment apres, j'ay vû entrer ces insolens, à qui j'ay demandé ce qu'ils soûhaitoient. Le plus hardy d'entr'eux m'a dit que m'ayant veuë si bien faite, ils n'avoient pû resister à la curiosité qu'ils avoient euë de me connoistre, & qu'ils croyoient que je ne devois pas m'offenser de leur visite, puis qu'ils estoient d'une qualité à se faire distinguer. Ce procedé m'a parû si extraordinaire, que je leur ay repondu fierement, que je ne sçavois pas si les coûtumes de leur Ville, authorisoient de pareilles visites : Mais que je sçavois bien, qu'il n'est point de pays où il soit permis d'entrer chez les femmes de qualité sans les connoistre. Ils ne m'ont repondu que par une raillerie piquante, & sans s'embarasser de la rougeur qui m'estoit montée au visage, & de la colere qui paroissoit dans mes yeux ; deux d'entr'eux se disposoient à prendre des sieges, tandis que le troisiéme me fermoit le passage. J'ay craint qu'une conduitte si peu respectueuse, n'eust des suittes plus violentes. J'ay appellé au secours, & le Ciel a si bien secondé mes vœux, que comme si une secrette simpatie, avoit attiré Monsieur de Montigny; je l'ay vû incontinent à mes costez, & en estat de me deffendre. Vous l'avez suivy de si prés qu'il n'est pas besoin de vous en dire d'avantage. Il me suffit, Monsieur, de vous assurer, que je n'oubliray jamais que vous m'avez sauvé l'honneur, & que vous avez conservé la vie de la personne du monde à qui j'ay le plus d'obligation.

Par ce que je viens de vous raconter, nous dit ce Capitaine Suisse ; vous pouvez facilement connoistre le caractere de la jeunesse d'Avignon. Cependant pour ne vous laisser rien à desirer, je vous diray que depuis peu de jours, j'ay apris de la bouche de Montigny, qui a passé par icy pour aller joindre son Regiment, qui est en garnison à Marseille, qu'il est le plus heureux de tous les hommes, & qu'il a trouvé à Rome tout ce qu'il pouvoit soûhaiter, y ayant épousé sa maistresse. Si j'avois mieux connu la delicatesse de vostre Langue, continua ce Capitaine, je vous aurois fait plus agreablement le recit de l'hiſtoire de ces deux Amans, qui auroient eſté traités avec plus de reſpect en cette Ville, ſi tout le monde en euſt connu comme moy, le merite & la naiſſance.

Je croy que le recit que je viens de vous faire, ſuffira pour vous faire voir le genie, & le caractere des jeunes gens du Comté Venaiſſin, & ainſi je n'ay plus qu'à continuër la relation de mon Voyage, & vous dire que nous fîsmes avec grand plaisir, le chemin d'Avignon à l'Isle : Nous croyons estre au Cours, trouvant par tout à droit & à gauche des allées d'Oliviers, d'Amandiers, & quelquesfois de grands Meuriers. Le vert de ces arbres estoit aussi gay qu'au Printemps, parce qu'ils sont toûjours arrousez par des canaux naturels, que forme la fontaine de la Sorgue, qui coule le long d'une grande pleine qu'il faut traverser. Cette vaste campagne paroist d'autant plus agreable, qu'elle est environnée d'affreuses montagnes; & je ne puis vous en donner une plus juste idée, qu'en la comparant à cette fameuse vallée de Tempe, qui faisoit les delices des Anciens, enfin nous arrivâmes à L'Isle.

Dés que nous fûmes descendus de carosse, j'ai

lay chez une Dame que je connoissois depuis long-temps, qu'on apelle Madame de la Fourquete, qui est d'un caractere & d'un merite fort distingué.

Quoy qu'apres son veuvage, elle eust pû joüir de tous les plaisirs qu'on trouve à la Ville, elle a mieux aimé y renoncer, & passer la plus grande partie de l'année à la campagne, pour conserver son bien à ses enfans qu'elle aime passionnement; cette engageante personne vint voir nos Dames à l'issuë du disner & dans le peu de temps qu'elle resta avec elles, elle parla avec tant d'agréement, qu'elle les laissa charmées de la beauté de son esprit, & de la delicatesse de sa conversation. Elle fit sa visite courte, parce qu'elle sçavoit que nous avions besoin de beaucoup de tems pour nous rendre à Cavaillon, & voir en passant la fontaine de Vaucluse, tant vantée par l'Illustre Petrarque : De crainte que nous ne nous égarassions en chemin, elle nous donna un guide qui nous conduisit fort heureusement. Nous laissâmes à gauche la delicieuse pleine de l'Isle, & suivant un chemin fort étroit, nous arrivâmes à une maison basse, où il faloit laisser nôtre carrosse, pour entrer dans un petit sentier bordé d'un costé par des rochers fort hauts, & de l'autre, par une prairie coupée en plusieurs endroits, par des ruisseaux qui font un murmure fort agreable. Ce chemin nous conduisit à un village qu'on apelle Vaucluse, qui porte le nom de la fontaine dont je viens de vous parler. Nous vîmes au dessus de ce Village un vieux château ruiné, qui estoit autresfois la demeure ordinaire de la belle Laure, celebre par les amours de Petrarque.

Apres

Apres avoir paſſé ſur un pont une petite riviere, dont les eaux viennnent de la fontaine de Vaucluſe, & qu'on apelle la Sorgue; nous entrâmes dans un chemin ſi rude, & ſi ſcabreux, que nous avions peine à nous tenir debout. Il nous conduiſit à une eſpece de precipice, dans lequel il fallut deſcendre par une échelle de plus de vingt échellons, & nous marchâmes à travers plusieurs rochers jusques à la fontaine. Nostre vûë estoit bornée par une affreuse montagne, au pied de laquelle nous rencontrâmes une grotte profonde, qui luy sert de bassin & de reservoir. Cette fontaine nous parût tranquile & sans mouvement; Mais des gens du païs que nous trouvâmes, nous dirent que toutes les fois qu'il pleut, elle grossit tellement, & s'éleve si fort, qu'elle monté jusques au plus haut de la voûte qui la contient.

Voila quelle est cette fameuse fontaine, lors qu'il a fait de grandes pluyes ; mais dans son cours ordinaire, elle n'est pas de mesme. Les gros rochers qui sont depuis la grotte jusques à deux cens pas au dessous sont à sec, & couverts d'une mousse que le temps & l'humidité ont peints de mille couleurs differentes, & lors que le Soleil vient à les éclairer, elles font un effet admirable, & forment une maniere d'Arc-en-ciel. Du pied des derniers rochers, fort par diverses ouvertures, une tres-grande quantité d'eau, qui se répend dans cette belle prairie dont je viens de vous parler.

Nous fûmes si long-temps à considerer cette source, dont la reputation avoit attiré le même jour le Vice-Legat d'Avignon, qu'enfin nous nous apperçeûmes qu'il falloit nous hâter pour arriver à Cavaillon, où nous avions resolu de coucher. Nous fusmes encore en doute si nous devions l'entreprendre, où nous arrêter à la premier habitation : Mais l'experience de noftre guide, & la clarté de la Lune, qui eftoit alors dans fon plein, nous puerfuaderent qu'en fuivant noftre premier deffein, nous ne hazarderions rien. Nous fûsmes fort satisfaits d'avoir pris ce party, lors qu'aprés avoir quitté un chemin si rude, nous nous trouvâmes dans une longue allée d'arbres qui faisoient un ombrage fort agreable. Quoy que de temps en temps il nous fallut passer à pied sûr de petits ponts d'une seule pierre, un ruisseau qui serpente dans cette pleine : Nous ne laissâmes pas de suivre cette route avec plaisir; nous arrivâmes enfin à Cavaillon, mais nous n'y trouvâmes pas la mesme satisfaction que nous avions euë en chemin, parce que les meilleures chambres estant occupées par des Officiers de l'armée Navalle de Toulon, nous fusmes contraints de coucher sur de méchants matelats, qui ne valoient pas mieux que des paillasses de Corps-de-garde.

En voila assez, mon cher amy, pour cette

fois; dans peu de jours je vous envoyeray la suite de noftre petit Voyage.

SUITE DU VOYAGE DE PROVENCE

Par M. L. M. D. P.

Seconde Partie.

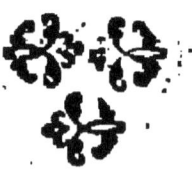

A PARIS,
Chez C. BARBIN, Au Palais,
sur le second perron de
la Sainte Chapelle.

M. DC. LXXXIII.
Avec Privilege du Roy.

VOYAGE DE PROVENCE

LIVRE SECOND.

JE vous tiens parole, mon cher amy, & voicy la suite du petit Voyage que je vous avois promis.

II. Partie.   A

Voyage

Encore que Cavaillon ne soit pas plus grand que l'Isle, il est bien mieux basty, & ceux qui l'habitent ont beaucoup plus de politesse, parce qu'ordinairement la Noblesse des environs y vient passer l'Hyver. Les Iuifs y ont une miserable Sinagogue, mais c'est la destinée de ce malheureux Peuple, d'estre le rebut de toutes les Nations. Les fruits qui croissent dans ce terroir, sont les plus beaux, & les meilleurs

de Provence.

du Comtat. L'incommodité des lits & l'esperance de trouver un aussi beau chemin que la journée precedente, nous firent partir de bonne heure. A deux lieuës de Cavaillon, nous passâmes la Durance dans un batteau: Cette riviere sepáre la Provence de la Comté d'Avignon, mais comme ce passage nous arresta quelque temps, nous fûmes obligez de marcher plus viste pour aller disner à Lambez; par la bon-

A ij

ne chere que nous y fîmes, nous reparâmes les fatigues que nous avions souffertes, on nous servît des Becfigues d'un gouſt exquis, des Figues, des Muſcats, & pluſieurs autres fruits délicieux. La civilité de noſtre Hoſte, contribua beaucoup au plaiſir que nous y prîmes: Comme chacun aime ſon païs, cet Hoſte nous fit l'éloge de Lambez, & il nous dit que bien qu'il ſoit ſans muraille & ouvert de tous coſtez, il ne laisse pas d'estre le lieu ordinaire où l'on tient les Etats de Provence. Je ne sçay si la douceur de sa conversation, ou le soin qu'il prit de nous regaler, nous firent oublier que nous avions beaucoup de chemin à faire pour arriver à Aix; mais enfin, nous partismes si tard, qu'il nous falut marcher plus de deux heures aux flambeaux.

Je fus bien aise de voir avec loisir la ville d'Aix, que je sçavois avoir esté une des plus illuſtres Colonnies des Romains; & afin de ſatisfaire ma curioſité, j'obligeay noſtre compagnie d'y paſſer une journée entiere, nos Dames qui eſtoient fatiguées d'eſtre arrivées ſi tard, ne voulurent ſortir qu'aprés le diſner pour viſiter les lieux qui meritoient d'eſtre veus. Nous commançâmes par le cabinet de Monſieur Lauthier, qui eſt un curieux; il a une fort grande quantité de Coquillages, des Vases de nacre, des Talismans, des Lachrimoires, des Medailles anciennes, & des figures de bronze bien travaillées.

Monsieur l'Abbé Lauthier son fils, nous montra tout ce qu'il y avoit de rare dans ce cabinet, & nous expliqua ce que nous ne pouvions connoistre par nous mesme. Il s'offrit si honnestement de nous accompagner partout où nous avions dessein d'aller, que nous ne pûmes le refuser: Il nous mena au Palais, & il nous y conduifit par la place des Prefcheurs; cette place eft embellie d'une longue allée d'arbres, qui font d'une groffeur & d'une hauteur exceffive, il femble qu'elle n'eftoit faite que pour fervir d'avenuë au Palais. Nous vîmes la Chambre de la Tournelle, & celle des Audiances, qu'on appelle la grand-Chambre. Je ne trouvay rien d'extraordinaire à la premiere, que les portraits des anciens Officiers de ce Parlement. Les Conseillers sont peints avec leurs robes rouges, & les Presidents, avec des robes toutes d'hermine; ce qui est particulier à cette compagnie, ces portraits sont placez au dessus des sieges.

La Chambre des Audiances, est ornée au lieu de tapisseries, de grands Tableaux à quadres dorés, où sont representez divers jugemens celebres, tirés de l'Histoire Sainte, &

prophane: Ils font de la main de Pinçon, qui paffe pour un des plus habiles Peintres de ce Païs-là, aux quatres angles de cette chambre il y a des ouvrages dorés d'une excellente fculpture, de la largeur de trois pieds, dans l'angle qui eft vis-à-vis la porte, on a placé la chaife du Roy, qui eft d'une grande magnificence, les bancs qui font à droit & à gauche, font couverts de velours bleu femé de Fleurs de Lys d'or, d'une broderie fort delicate, les costez & le bas sont bordez d'une grande frange d'or. La voûte de cette chambre est toute peinte, & le cintre qui est d'une dorure fort riche, en releve encore l'éclat, les vitres sont à peu-prés comme celles de la Sainte-Chapelle de Paris.

Nostre Abbé nous mena ensuite chez un particulier, qui a grand nombre de Tableaux de la main des plus excellents Peintres. Il s'est fait peindre avec un Luth, à la main, d'une maniere si fine & si delicate que rien n'imite mieux le naturel. Apres avoir pris congé de la maistresse de la maison ; nous en sortîmes pour aller voir l'Eglise Cathedrale dediée à Saint Sauveur : Nous considerâmes le Portail, il est magnifique, & il est orné des statuës des douzes Apostres, au milieu desquelles on a placé celle de la Sainte Vierge, que le Sculpteur a si bien travaillée, qu'on ne peut la regarder sans se sentir touché d'un saint respect. Nous entrâmes ensuite dans la nef de l'Eglise, & l'Abbé qui nous servoit de guide, nous mena dans la Chapelle des fonds qui est toute de marbre: Les fonds sont d'un marbre fusile, aussi-bien que les colonnes qui les environnent; elles soutiennent un petit dôme de la mesme matiere, & d'une Sculpture admirable, de-là nous passâmes dans le Chœur, où est le Tombeau de Charles second, dernier Comte de Provence; & du Chœur nous allâmes à la Sacristie. L'on nous montra plusieurs Saintes Reliques enchassées, les unes en or, les autres en argent, & entr'autres le chef de Saint Estienne, un plat d'une seule Agathe, d'une moyenne grandeur, qui avoit servy à ce qu'on nous dit à la Cene de Nostre-Seigneur, & plusieurs Croix, enrichies de pierres fines d'un grand prix & d'une grosseur considerable. Apres avoir regardé toutes ces choses avec attention, nous remontâmes en carosse pour aller joüir de la promenade dans la grande place d'Orbitelle, qui est six fois plus longue que large; les maisons qu'elle a à ses deux costez, sont presque toutes de mesme structure, & basties à l'Italienne. Dans le milieu, on a fait un cours qui est composé de deux allées de

grands arbres: Ces allées ont beaucoup de raport, avec celles qui sont à Paris au Cour la Reyne. Les Gens de qualité de la Ville, si promenent en carosse l'aprés-disné, & le soir à pied. Au milieu de la grande allée & aux deux extremitez, il y a des fontaines qui jettent de l'eau avec abondance, & servent en Eté à moderer l'ardeur du Soleil, qui est tres-grande en cette Province. Ce n'est pas seulement dans la
place

de Provence. 17

place d'Orbitelle, qu'on trouve des fontaines: Il y en a à la plûpatr des carefours; ce qui rend cette Ville une des plus agreables de France. Il ne luy manque rien que d'estre proche d'une riviere, pour en faire une Ville de commerce. En l'estat où elle est, difficilement pourroit-elle soûtenir un siege: Ses murailles estans sans deffenses, & sans fossez. Quoy qu'elle soit entourée de tous costés par des montagnes, ses de-

B

hors ne laissent pas de plaire à la veuë, estans plantez de longues allées d'Oliviers.

On se divertit à Aix, mieux qu'en tout autre lieu de la Province; les Dames y sont magnifiques & grandes joüeuses. Les Gentils-hommes ont infiniment de l'esprit, beaucoup d'enjoüement, & beaucoup de cœur; mais on dit qu'ils sont un peu trop emportez, & c'est peut-estre l'effet de la trop grande ardeur du Soleil qui les échauffe, & de la violence de leurs vins. Ils ne sont pas tous de ce caractere; il y en a qui se sçavent posséder dans les occasions, où il est plus difficile d'avoir du flegme, & de la retenuë. Vous en jugerez par l'Histoire que je vais vous raconter.

HISTOIRE

DE

CHARMOY.

UN Conseiller qui avoit esté obligé de recourir au credit de ses amis, pour acheter sa Charge, avoit besoin de trouver une femme riche pour rétablir ses affaires : On luy proposa la fille d'un Marchand de Marseille, qui estoit un des meilleurs partis de la Province; elle estoit alors à Aix avec son pere pour un procés. Il la vit, elle luy plût, & dans le besoin qu'on pouvoit avoir de sa protection, il fut preferé à plusieurs autres pretendans, qui avoient beaucoup plus de bien que luy. Comme il est bien fait de sa personne, & qu'il a l'esprit agreable, sa femme parut contente du choix que son pere avoit fait, & de son côté il tâcha par mille complaisances, de l'obliger à luy conserver le cœur qu'elle luy avoit donné. Elismene, c'est ainsi qu'on l'appelloit, aimoit le jeu, & c'estoit un pretexte pour recevoir beaucoup de monde chez-elle. Estant belle & magnifique, vous n'aurez pas de peine à croire qu'elle fit plusieurs conquestes. Entre ceux qui furent charmez de sa beauté, un jeune Marquis se fit distinguer par mille soins empressés. La Dame s'en apperçût ; mais comme elle aimoit son mary, elle ne voulut pas faire paroistre qu'elle l'eust remarqué. La grande foule qui estoit toûjours auprés d'elle, empêcha le Marquis de l'entretenir de sa passion; & comme il souffroit beaucoup dans l'état où le reduisoit ce silence forcé; il s'adressa à une fille qui avoit beaucoup de part à la confidence de sa maistresse.

On l'appelloit Lisette, quelques presens la mîrent dans les interests du Marquis, & elle promit d'agir fortement pour luy. Soit qu'elle eut parlé effectivement, ou qu'elle voulut ainsi le luy persuader pour en obtenir de nouvelles liberalitez: Elle dit qu'on estoit bien aise qu'il eût de pareils sentimens; mais qu'il estoit difficile de pouvoir lier conversation avec sa maîtresse, parce qu'elle estoit fort observée par son mary.

mary. Cette ouverture fit naître au Marquis, la pensée d'écrire à Elismene; il pria Lisette de se charger d'une lettre, ce qu'elle fit agreablement, n'étant pas obligée d'en raporter réponse, & pouvant par-là, meriter beaucoup auprés du Marquis.

Le lendemain, le Marquis ayant trouvé Lisette seule, il luy donna un billet pour Elismene, & la pria d'en tirer réponse: Cette fille, pendant plusieurs jours tâcha de l'amuser, en luy disant que sa Maîtresse avoit beaucoup de penchant pour luy; mais qu'elle n'osoit se hazarder de luy écrire, parce qu'elle craignoit qu'il ne menageât pas assez sa reputation : Enfin cette fille ne pouvant plus resister aux empressemens du Marquis, de peur qu'il ne se rebutât, & que les presens ne cessassent ; elle s'avisa de luy écrire au nom de sa Maîtresse, dont elle sçavoit bien qu'il ne connoissoit pas le caractere, voicy de quelle manière elle s'y prit.

IL faut avoüer que Lisette est bien importune, elle prend vos interests avec tant de chaleur, qu'il n'y a plus moyen de luy refuser ce qu'elle me demande : Si vous m'aimez autant qu'elle me le dit tous les jours, vous devriez m'épargner la confusion, où me met ce que je fais pour vous. N'avez vous pas vû dans mes yeux & dans toutes mes manieres obligeantes, les sentimens *que j'ay pour vous, & fa-loit-il vous l'écrire pour vous en persuader. Songez bien à quoy vous engage la démarche que vous me faites faire ; soyez discret, recon-noissant, & fidelle : Adieu je finis de peur de trop m'ex-pliquer.*

Le Marquis fut si content de cette Lettre, qu'il ne sçavoit cóment payer le service que Lisette venoit de luy rendre. Ce billet fut suivy de plusieurs autres encore plus obligeans : Mais comme Elifmene ne témoignoit pas au Marquis par fes converfations, la mefme tendreffe qui paroiffoit dans fes Lettres : Lifette qui craignoit que fa tromperie ne fût découverte, voulut finir un commerce qui l'embarraffoit, & dit au Marquis que fa maîtreffe ne pouvoit plus luy écrire, parce que fon mary eftant entré dans quelque foupçon, il l'obfervoit d'une telle maniere, qu'elle n'avoit pas un moment à elle. Ce changement impreveu pensa desesperer le Marquis : Il ne pût s'empêcher d'en témoigner son chagrin à Elismene, par un billet dont il chargea Lisette, & pour se rendre cette suivante plus favorable, il luy donna en mesme temps une bourse pleine de Loüis, elle mettoit l'un & l'autre dans son sein, lors que son maître qui revenoit de la Ville, & qui estoit entré sans estre veu, s'aperçût qu'elle cachoit quelque chose. Le Marquis n'eust pas plîtost quitté Lisette, que ce Conseiller arresta cette fille, & l'obligea de le suivre dans son cabinet. Malgré sa resistance, il tira de son sein la Lettre que le Marquis venoit de luy confier, & l'ayant ouverte, il y leut ces paroles.

Lisette m'a assuré que vous répondriez à ma tendresse, si vous estiez moins observée. C'est une étrange chose qu'un mary jaloux, & vous estes bien malheureuse d'en avoir un de ce caractere; quoy qu'on ait crû jusques icy la jalousie un mal incurable. Un de mes amis qui revient de Paris, m'a dit qu'il y avoit trouvé des secrets admirables, pour guerir les maris de cette facheuse maladie; pour peu que vous voulussiez me témoigner que ce seroit vous faire plaisir de vous delivrer d'une si grande incommodité, on tâcheroit de vous servir *suivant voſtre gouſt. Faites-moy ſçavoir vos intentions, & je vous répons du ſuccés.*

Vous pouvez juger de l'étônement où ſe trouva le Conſeiller, apres la loiĉture de cette cruelle Lettre; Ses premiers mouvemens le portoient à aller poignarder ſa femme, & le Marquis qu'il ſçavoit eſtre alors enſemble; mais apres un peu de reflexion, il modera ſes premiers tranſports, & il prit une resolution plus douce. Il fit lire à Lisette le Billet qu'il venoit de surprendre, & il luy recommanda le secret, la menaçant d'une mort certaine, si elle découvroit à sa maîtresse ce qui s'estoit passé, & si elle ne luy donnoit le moyen de se vanger de son infidelité. Il luy promit que si elle vouloit le servir dans son juste ressentiment, il luy rendroit la bourse qu'il venoit de luy oster, & luy feroit un present considérable. Quoy que cette fille eust beaucoup de repugnance à faire perir sa maîtresse, qu'elle sçavoit estre innocente, la crainte de la mort qu'elle voyoit bien, ne pouvoir éviter si on venoit à découvrir qu'elle estoit la seule coupable, luy fit promettre tout ce que son maître voulut. Le Conseiller la voyant disposée à faire tout ce qu'il desiroit, luy tendît la Lettre apres l'avoir cachetée, & luy dit de la donner à sa maîtresse sans luy rien témoigner de ce qui s'étoit passé.

Il appella ensuitte un Domestique, en qui il avoit une entiere confiance; & apres avoir écrit un billet à son Apotiquaire, il luy commanda en presence de Lisette, de luy aporter ce qu'on luy donneroit. Le Conseiller les ayans congediez l'un & l'autre, entra dans la chambre de sa femme, & y trouvant bonne compagnie, il y parut aussi enjoüé, que s'il n'avoit rien eu dans l'esprit. Lisette ne sçeut pas dissimuler aussi bien que luy, le matin sa maîtresse l'ayant appellée pour luy donnner un boüillon, elle ne pût luy cacher le trouble où elle estoit, & forcée par ses remords. Elle luy dit que son mary vouloit attenter à sa vie, pendant qu'Elismene la pressoit de luy apprendre les circonstances de ce dessein. Le Conseiller, qui un peu auparavant estoit sorti en robe de chambre, revint tenant une écuelle d'argent à la main, & s'estant aproché du lit ou estoit sa femme, il luy dit qu'il estoit necessaire pour sa santé de prendre le bouillon qu'il luy portoit, Elismene, qui par ce que Lisette venoit de luy dire, estoit fortement persuadée que son mary avoit choisi le poison pour la faire perir, refusa de prendre l'écuelle qu'il luy presentoit ; mais à mesme temps, le mary ayant tité un poignard qu'il avoit caché dans son sein, luy dit d'un air menaçant, qu'elle n'avoit qu'à choisir le genre de mort, puis qu'il ne pouvoit reparer le tort qu'elle avoit fait à son honneur, qu'en luy ostant la vie. Elismene fondant en larmes, luy dit qu'elle ne croyoit pas avoir merité un traitement si cruel, par aucune de ses actions, & que si elle avoit esté assez malheureuse pour luy déplaire, elle tâcheroit par ses complaisances & par ses soumissions, de rentrer en grace auprés de luy. Le Conseiller se montrant insensible à toutes ses marques de douleur, la força de prendre ce bouillon, & lors qu'elle en eust avallé la moitié; il luy arracha l'écuele des mains, & apres en avoir beu le reste, luy dit que ne pouvant survivre à son infamie, il vouloit se punir de l'indulgence qu'il avoit eu pour elle; il se mit ensuite dans le lit, & pendant

dant qu'il luy faisoit mille reproches outrageans, sans luy donner le loisir de se justifier; le pere d'Elismene que Lisette estoit allé chercher dés qu'elle avoit veu entrer son maître, vint interrompre le cours de cette aigre conversation, & donna le loisir à Elismene, de faire connoistre son innocence, qui fut confirmée par le témoignage de Lisette. Cette malheureuse fille croyant avoir causé la mort de sa maîtresse, ne
D

pût s'empêcher d'avouër la tromperie qu'elle luy avoit faite; & le Conseiller à son tour, aprit à sa femme qu'elle n'avoit rien à craindre, & que les drogues qu'il avoit mis dans le bouillon, ne pouvoient nuire à la santé ny de l'un ny de l'autre, n'ayant eu d'autre dessein que de luy faire peur: Ce qu'elle ne devoit pas trouver mauvais, puis qu'aprés les alarmes qu'elle luy avoit donné si souvent il estoit bien jufié qu'une fois au moins en sa vie, elle les partageât avec luy. Elismene luy pardonna cette innocente vengeance, & depuis ce temps-là pour faire cesser ses soupçons, elle renonça au jeu, & elle vécut dans une si grande retraite, qu'elle pût passer pour une exemple de vertu. Quoy qu'en cette occasion Lisete eut exposé l'honeur & la vie de sa maîtresse Elismene, la voyant touchée de repentir, ne voulut la punir qu'en l'éloignant de sa veuë, & par une un excés de bonté, elle luy donna dequoy se mettre dans un Convent.

Vous voyez que ce Conseiller, en usa en galant homme, & en homme d'esprit, & qu'il se tira fort adroitement d'une affaire assez delicate.

D'Aix, nous allâmes à S. MAXIMIN. A peine fûmes nous arrivez à l'Hôtellerie, qu'une troupe de femmes chargées de Chapelets & de Medailles, nous assiegea dans noftre chambre, & nous persecuta si fort, que nous ne pûmes nous empêcher de prendre quelque chose de ses importunes marchandes.

Le lendemain nous allâmes à la Sainte Baume sur des chevaux de loüage, ne pouvant y aller en carosse, à cause des hautes montagnes qu'il faut traverser ; comme nous n'estions montés que sur de miserables masetes, il arriva que le cheval de Mademoiselle *** broncha si lourdement, que nous craignîmes qu'elle ne se fust blessée; mais elle se releva avec tant de promptitude, que cela nous donna lieu de plaisanter avec elle de cet accident. Apres avoir passé une heure à tournoyer autour d'une de ces montagnes, par un chemin fort estroit & fort rude : Nous entrâmes enfin dans une petite plaine, d'où nous découvrîmes un grand

Rocher escarpé, au milieu duquel paroist un bâtiment taillé dans le Roc. Au bout de cette plaine, nous entrâmes dans un grand bois, ou l'on trouve un petit chemin qui conduit en serpentant à ce bastiment; lors que nous y fûmes arrivé, nous mîmes pied à terre, & ayant laissé nos chevaux à une écurie qui est sur la gauche: Nous nous arêtâmes quelque temps sur une petite terrasse, qui occupe toute la face de l'hospice, de l'Eglise, & du Cloistre ; & ensuite nous montâmes par huit ou dix grands degrez à la Sainte Baume.

Ce fut dans cette affreuse solitude, que Sainte Magdeleine, fit penitence pendant trente années.

La SANITE BAUME est scituée entre Marseille & Toulon, dans des montagnes qui ont dix lieuës d'étendue & tr is de hauteur. Le nom de Baume, qu'on luy a donné, veut dire

dire en Provence une caverne, celle-cy a soixante dix toises depuis l'Eglise jusques au haut de la côte, & dix-huit depuis la terrasse jusques au jardin qui est au bas. On remarque dans l'Eglise, une chose qui paroist miraculeuse, il distile incessamment de l'eau de tous les côstez de la grotte, & il n'y a que le seul endroit où Sainte Magdelaine reposoit qui demeure toûjours à sec. Cette retraite sauvage est à main gauche en entrant

& on y trouve un rocher fait en forme de lit de huit à dix pieds de hauteur, sur lequel est la statuë de la Sainte, faite d'une pierre si blanche & si polie qu'elle ressemble à du marbre. Le Sculpteur la representée a moitié couchée, se relevant à demy, elle s'appuye sur son coude, & elle leve les yeux vers le Ciel, desquels on void tomber des larmes qui coulent le long de ses joües: Ce lieu est entouré de douze lampes d'argent, qui brulent nuit & jour ; il est fermé d'une grande grille de fer, au pied de la grille qui fait face en entrant. On a basty une petite Chapelle, dont le pavé, le balustre & l'Autel sont de marbre blanc & noir par compartimens, à main droite, on a placé un degré de cinq ou six marches, & c'est en cet endroit qu'est la representation de la Sainte, d'où l'on descend par un autre degré qui luy est opposé, & qui finit auprés d'une fontaine qui ne tarit jamais

dans les plus grandes fe-
cherefles, comme elle ne
groffit auffi jamais pen-
dant les plus grandes
pluyes, l'eau de cette fontaine eſt extremement fraîche, & ceux du pays affu-
rent qu'elle guerit de la
fiévre.

A la droite de cette E-
glife eſt un large efcalier,
par lequel on defcend à
une autre petite caverne,
où eſt une defcente de
Croix reprefentée en bas-
relief; avec une delicatef-
fe admirable.

de Provence.

Aprés avoir visité tous ces Saints lieux, nous en sortîmes pour aller disner à l'hospice, où l'on ne nous servist qu'en poisson, quoy que ce fut un jour gras. On nous apprist que tous les pelerins sont traitez de la mesme maniere, & que le Roy mesme n'en avoit pas esté exempt, n'étant pas juste qu'on fit bonne chere dans un lieu qu'une si grande Sainte avoit choisi pour faire penitence.

L'aprés disnée, nous pasfâmes au Convent où demeurent ordinairement quatre ou cinq Jacobins, qui deservent l'Eglise de la Sainte Baume. Ce Convent à un petit dortoir, composé de sept Cellules seulement, un refectoir, une cuisine, un four, & une cave, le tout pratiqué dans le rocher. Nous montâmes apres au plus haut de la côte, ou l'on dit que les Anges élevoient la Magdelaine sept fois par jour, on y a basty un pilier qu'on appelle le Saint Pilon : Ce pilier est auprés d'une petite Chapelle ou la Sainte est representée en ce glorieux estat, le tout de marbre blanc.

Nous revinsmes de ce lieu assez tard, & nous pensâmes perir dans les precipices qu'il faut côtoyer: Mais nous en fûmes quittes pour la peur, & nous arrivâmes dans S. Maximin, où l'on nous traita si bien, que nous fûmes bien aises d'avoir fait penitence à disner.

Le lendemain nous nous levâmes devant le jour, pour voir les Reliques qui sont dans une des Chapelles de l'Eglise de cette Ville, elle est deservie par des Dominicains, & l'on pretend qu'elle a esté fondée en 1300. par Charles second Comte de Provence, dont nous avions veu le tombeau dans la Metropolitaine d'Aix. Les Reliques dont je viens de vous parler, sont enfermées dans de grandes armoires qui en sont presque remplies; la plus considerable de toutes celles qu'on nous fit voir, c'est une poignée de cheveux de la Magdelaine, qui sont la moitié blonds & la moitié chatains, & qui paroissent aussi entiers que si on venoit de les couper. Ils sont enfermez dans une phiole de cristal enchassée en or: De-là on nous conduisit à une Chapelle sousterraine, fermée de deux grandes grilles ou portes de fer à plusieurs serrures, où suivant la coûtume, il fallut quitter nos épées. C'est en cet endroit que l'on conserve le Chef de cette Sainte; il est enfermé dans une chasse d'or enrichie de pierres de grád prix. Il est couvert d'un masque de mesme metail que la chasse, & on oste ce masque pour laisser voir ce Chef à travers d'un verre, quoy qu'il ne soit couvert de chair qu'aux deux endroits que Nostre Seigneur toucha, & bien loin de donner de la frayeur, il inspire un saint respect. Cette tête est beaucoup plus grosse que celles des personnes de nostre siecle. Ce qui a fait croire à plusieurs, que la nature s'afoiblissant, la taille des hommes a diminué; au pied de cette Chasse est une petite phiole de cristal, dans laquelle il y a des pierres arrosées du Sang de Nostre Seigneur, que la Sainte ramassa au pied de la Croix. On nous dit que ce Sang boüil & paroist fort vermeil le jour du Vendredy Saint, depuis midy jusques à une heure ; ce qui attire un grand nombre de personnes pour voir ce miracle, il y a dans la mesme Chapelle quatre tombeaux, dont il y en a trois de marbre, & un d'albâtre : C'est dans ce dernier que les Réliques de la Magdelaine, ont esté enfermées pendant sept ou huit cens ans. Dans le premier des autres, qui est le plus proche de celuy d'albâtre ; on a trouvé les os de Saint Maximin : Dans le second ceux Saint Cedoine qu'on dit estre l'aveugle né, à qui Nostre Seigneur rendît la veuë, & dans le dernier le Corps de Sainte Marcelle, servante de Sainte Marthe.

Le Soleil estoit déja levé, lors que nous partîmes de saint Maximin pour aller disner à un Village appellé la Roque, qui en est éloigné de quatre lieuës qui nous parurent beaucoup plus longues, à cause de l'ardeur du Soleil qui nous incommodoit beaucoup, & parce que le chemin est fort rabotteux, il nous fallut traverser à pied des moutagnes si droites, si longues & si rudes, que nous estions presque hors d'haleine, lors que nous arrivâmes à ce méchant Village où nous disnâmes. L'aprés midy nous crûmes estre sortis des enfers pour entrer aux champs Elisées, tout le chemin par où nous passâmes, estoit bordé d'Orangers, & comme il estoit fort tard, nous ne satisfimes que nostre odorat qui fut agreablement chatoüillé par le doux parfum que les fleurs de ces beaux arbres exhaloient Nous cottoyames un Village qu'on appelle Meve, & nous vîmes en passant une belle fontaine qui sort d'une de ses portes, & qui coule dans le chemin, il y en a plusieurs autres assez prés de là qui vont jusques à Hieres, & qui rendent son terroir fertile, de Meve, nous allâmes à Soulliers par un chemin fort étroit; il est borné à main gauche par des hautes montagnes, & a droite par un grand precipice, dans lequel toutes ces eauës ramassées se jettent avec tant de bruit qu'on en est étourdy. Nous fûmes prés de deux heures a faire une lieuë tant le chemin estoit fâcheux, quoy que la Lune qui estoit fort claire nous garantit des accidens, qu'on a à craindre pendant la nuit ; apres tant de fatigues, nous arrivâmes à Souliers, où nous couchâmes.

Le lendemian nous en partimes

de Provence.

partismes de fort bonne heure pour aller à Hieres, qui n'en est éloigné que de deux lieuës. Nous les fîmes fort lentement pour avoir le plaisir de considerer de longues routes que nous traversames bordées de saules de mirthes, & de grenadiers, qui regnent le long d'un Aqueduc d'une longueur extraordinaire, cet Aqueduc sert à conduire les cauës dont nous avons parlé depuis Meve jusques à Hieres, comme il est d'une grande utilité,

F

on l'entretient avec beaucoup de soin & de dépense.

En approchant de ce lieu charmant, nous crûmes voir le Paradis terrestre, nous découvrions de tous costez des jardins sans murailles, où les orangers estoient en si grande abondance, qu'ils formoient des allées à perte de veuë. Celuy de Monsieur Darene où l'on nous mena, est cultivé avec beaucoup plus de soin que les autres: Il y a fait planter quantité d'arbres curieux, & on y void plusieurs allées d'orangers, de grenadiers, & de citronniers ; & comme ces arbres ont toûjours le pied dans l'eau, il y a des orangers qui égalent en groſſeur nos plus beaux noyers. Le jardinier qui nous conduiſoit, nous dit qu'il n'y avoit pas plus de quatre jours qu'on avoit envoyé à Paris deux cens charges d'Oranges qu'on avoit cueillies dans ce jardin. Et cependant il ne paroiſſoit pas qu'on y euſt touché. Un homme que nous trouvâmes ſe promenant dans une allée écartée, & parlant tout seul, nous fit assez connoistre par ses yeux égarés & par le méchant habit qu'il portoit, qu'il estoit Poëte de profession. Il nous aborda brusquement & ne pouvant nous cacher la passion qu'il avoit pour la Poësie : Il nous recita tout d'une haleine, les vers que vous allez voir.

Dans ce jardin delicieux,
On a veu quelquesfois & Vertumne & Pomone,
Cueillir le bel oeillet & la tendre anemone;

Pour en faire present au plus
 puissant des Dieux.
Tantost passant du parterre
 aux allées,
Ils admiroient ces rares citronniers,
Ces mirthes toûjours verds,
 & ces beaux grenadiers,
Dont elles sont si bien pa-
 rées.
Tantost sur le déclin du
 jour,
Sous une treille fort couverte ;
Vertumne en folâtrant donnoit la cotte verte,
A Pomone l'objet de son ar-
 dent amour.

Il en est bien d'autres en-
　core,
Qui cherissent ce lieu char-
　mant :
Le Zéphir y vient tres-
　souvent,
Caresser la Déesse Flore.
Mars & Venus y sont tou-
　jours :
Le Dieu qui fait aimer, s'y
　promene sans cesse ;
Iupiter amoureux, y cherche
　une maistresse,
Et Mercure y fait de bons
　tours.
Ie vous en dirois d'avan-
　tage,

Mais ce seroit estre indiscret,
D'aller reveler le secret;
De ces divinités je change de langage.

Ce jardin n'est pas seulement agreable à la veuë, il est encore fort utile à son maistre. Il retire tous les ans, plus de cens Loüis d'or des seules fleurs de ses orangers, & de ses jassemins. C'est l'appas de ce gain qui oblige les Habitans d'Hieres, de prendre grand soin de ces arbres odoriferans, & il n'eſt pas de ſi petit Bourgeois, qui n'en ait quantité dans ſon jardin, mais le plus cõsiderable, c'eſt celuy de Monſieur Darene. Apres nous avoir parlé ainſi, noſtre Poëte priſt congé de nous & ſe retira. Comme nous revenions à l'Hôtelerie par un chemin fort uny, nous euſmes le plaiſir de voir de petits enfans qui joüoient à la boule avec de groſſes oranges. Iugez de l'abondance de ces fruits par le peu de cas qu'on en fait.

La ville

La ville d'Hieres est tout proche de la mer, le poisson qu'on y mange est excellent, & son climat est si temperé, qu'il n'est point de saison où les arbres n'y soient chargés de fleurs & de fruits. Quelque charme qui semblât nous arrester en ce lieu delicieux, nous fumes obligez d'en partir pour aller coucher à Toulon, qui n'en est éloigné que de trois lieuës : Nous eusmes fort mauvais chemin jusques à Beaujenciere ; ce chemin est cependant moins rude qu'il n'étoit autresfois; un Intendant de la Province, ayant pris soin de le faire acōmoder. Cet Intendant faillit à perir en cet endroit dans un precipice, où sans doute il seroit tombé avec son carrosse, si son cocher pour l'en garentir, n'eust sacrifié sa vie. Ce fidelle domestique, en coupant les rênes des chevaux de volée, fut entraisné avec eux dans cette abisme, où ils se brisa contre les rochers. Le reste du chemin jusques à Toulon, nous parût fort agreable; nous suivismes toûjours une grande route, qui traverse une forest d'Oliviers, entre lesquels on a planté de longues allées de Capriers.

TOULON est une Ville fort ancienne. Henry IV. la fortifia & l'entoura de murailles; il y fit élever deux grands moles qui ont chacun sept cens pas de longueur, & envelopent quasi tout le Port. Dés que nous fûmes entrez dans la Ville, nous trouvâmes une grande ruë, qui n'est à proprement parler qu'une alée d'arbres d'une hauteur extraordinaire ; elle nous conduisit à l'Hôtellerie de la Croix d'or, où nous mismes pied à terre. La fille de l'Hôtesse estoit sur la porte, elle nous receut de bonne grace.

Son abord nous parut tout à
  fait agreable ;
Le tour de son esprit aisé,
Delicat, brillant, avisé,
Et pour tout dire, enfin aimable.

Elle chante fort joliment,
Attire les paſſans, eſt civile
 & rieuſe ;
Et ce qui paroiſt ſurprenant,
C'eſt qu'avec tout ſon enjoüe-
 ment,
On dit qu'elle eſt fort ver-
 tueuſe.

Il y avoit dans cette hô-
tellerie un Gentil-homme
de Poitou, parent de Ma-
dame de Monteſpan, &
Lieutenant de Vaiſſeau.
Dans la converſation que
nous euſmes ensemble,
nous luy témoignaſmes

souhaiter de voir l'Armée Navale, & il s'offrit obligeamment de satisfaire nôtre curiosité; nous acceptâmes ses offres, & pour profiter de son honnesteté, nous prismes le chemin du Port, que de hautes montagnes dont il est environné, rendent fort seur. Il a environ cinq cens pas de longueur, & il est large à proportion. Il est pavé de brique mise de costé & en lozange, ce qui fait un effet fort agreable: On y voit trois grandes fontaines, l'une au milieu, & les autres aux deux bouts. Ces fontaines servent pour la commodité des Vaisseaux qui viennent faire de l'eau; on la tire par le moyen d'une pompe de cuir qui la porte dans les tonneaux, sans que les Matelots soient obligez de les mettre à terre.

Du Port nous passames sur les Ramparts, où sont en batterie quatre-vingt ou cent pieces de Canon de fonte verte, pointez à fleur d'eau. Pendant que nous les confiderions, ce Lieutenant de Vaiſſeau dont je vous ay parlé, nous vint joindre. Il nous fit entrer dans une petite chaloupe fort propre couverte d'une ſerge rouge, avec des rideaux de meſme étoffe, qui nous garantirent de l'ardeur du Soleil: Ses Rameurs nous menerent avec diligence à ſon Vaiſſeau, qu'on appelle le Grand Henry. Nous y fuſmes receus par deux ou trois Offiers de bonne mine, qui nous firent voir tout ce qu'il y avoit de remarquable dans leur baſtiment, leurs chambres, la boulangerie, la cuiſine, les magaſins, les volieres, & ſoixante canons qui eſtoient dans les ſabords. Le Capitaine qui commandoit ce Vaiſſeau nous fit mille honneſtetez, & nous preſenta deux de ſes enfans, dont l'aiſné avoit déja fait trois campagnes, quoy qu'il n'euſt que treize ans, & meſme à la derniere qu'il fit, il fut bleſſé à la teſte de l'éclat d'un canon. Ce jeune Gentil-homme nous fit voir sa disposition en montant à la Hune par les hauts bancs, ainsi qu'auroit pû faire le plus hardy Matelot. Apres que nous eusmes pris congé de tous les Officiers, nous allâmes voir le Dauphin Royal qui est du port de douze cens tonneaux, & qui est monté de six vingt pieces de canon; nous y comptâmes jusques à vingt deux châbres, ce qui nous parût fort extraordinaire. De tous côtez, il est enrichi de Peintures, & de dorures jusques à fleur d'eau, sa poupe est ornée de figures à demy relief, au milieu desquelles sont les armes de France, soûtenuës par deux Dauphins. On peut dire que c'est le plus beau Vaisseau qui soit sur la Mediterannée, si l'on en excepte le Grand Loüis.

Nous vismes encore le Courtisan, le Rubis, le Sans pareil, & environ trente autres Vaisseaux, dont je n'ay pas retenu le nom. Nous abordâmes ensuite au Parc Royal, où il paroiſſoit encore de funeſtes marques du dernier embrazement qui faillit à le reduire en cendre. On nous fit remarquer ſous de grāds couverts, trois ou quatre baſtimens fort avancez, pour chacun deſquels on avoit employé une ſi prodigieuſe quantité de bois, qu'il ſembloit qu'on avoit abbatu des foreſts entieres pour les mettre en eſtat de voguer.

Noſtre curioſité eſtant ſatisfaite, nous revinſmes à la Croix d'or, où nous disnâmes promptement, pour aller coucher à un méchant Village qui est à cinq lieuës de Toulon qu'on appelle Cujes. Pour y aller nous fûmes obligez de monter à pied une montagne fort élevée, au bas de laquelle on a basty une Chapelle depuis quelques années ; elle est remplie de Tableaux à bordures dorées, & on nous dit qu'un grand miracle avoit donné lieu à sa fondation. Dés que nous fûmes au plus haut de cette montagne, nous nous trouvasmes dans un bois fort agreable, d'où nous découvrîmes facilement une partie de l'Espagne.

Nous nous amusasmes quelque temps à considerer ce que nous pouvions voir de ce grand Royaume, autant pour reprendre haleine, que pour satisfaire nostre curiosité: Apres avoir pris un peu de repos, nous continuasmes nostre route.

Nous marchasmes longtemps dans un chemin couvert de sable, avec d'autant plus de plaisir, qu'il estoit bordé des deux costez par de grands arbres, qui estant éclairez de la Lune, faisoient un ombrage admirable. La fraîcheur de la nuit, & cet aimable silence qui l'accompagne, inviterent Mademoiselle de *** à chanter mille chansons qui nous charmerent. Apres avoir marché quelque temps sans songer qu'au plaisir present, nous trouvasmes une descente fort droite & fort rude, qui nous conduisit au village dont je viens de vous parler, dés que nous y fûmes arrivez, on nous logea dans une miserable chambre où l'on nous fit tres-méchante chere. Nos lits ne furent pas meilleurs que noſtre ſouper; mais en verité nous eſtions ſi fatiguez, que nous aurions auſſi bien dormy ſur la paille, que ſur un lit de plume.

Nous partiſmes le lendemain à la pointe du jour, & nous fiſmes cinq grandes lieuës pour aller à Marſeille.

seille. Nous y arrivasmes
avant midy, & comme
nous voulions voir tout
ce qu'il y a de curieux dans
cette Ville, nous y demeurasmes jusques à trois heures apres-dîné de la journée suivante.

MARSEILLE a esté autrefois une colonie des Phocenses, & si attachée aux interests des Romains que pour leur garder la fidelité qu'elle leur avoit promis, elle s'opposa aux armes victorieuses de Cesar, sans considerer le peu

H.

de moyens qu'elle avoit d'arrêter ses Conquestes : Aussi fut elle bien-tost contrainte de se rendre à ce grand Capitaine, qui usa avec moderation de sa victoire. Apres la décadence de l'Empire, elle fut exposée à la fureur des Goths, des Huns, & des Vandales ; elle passa ensuite sous la puissance des Bourguignons, & fut enfin soumise à la domination des François.

Avant que de vous parler de ce qu'il y a de curieux

dans Marseille: Je ne puis m'empêcher de vous dire, que son terroir est extrêmement fertile, & qu'il est tout couvert de petites maisons de campagne, que les Habitans appellent Bastides. Comme chacun en veut avoir, & qu'il n'est pas mesme jusques au moindre Artisan qui n'ait la sienne, on en compte plus de vingt mille. Les Habitans de Marseille ont de beaux Privileges, ils ne payent, ny tailles, ny gabelle, & sont exempts du ban & arriere ban.

La premiere chose que nous vîmes dans cette ancienne Ville, ce fut le Parc Royal, qui est un bastiment magnifique, dont le dôme est couvert d'une maniere d'ardoise: Au plus haut de ce dôme, on a placé une grande fleur de Lys de cuivre doré, qui brille extrêmement lorsqu'elle est frapée des rayós du Soleil. Celuy qui a le soin de cette belle maison, nous mena d'abord dans l'hôpital, où il y a une galerie de plus de cent pas de longueur: On trouve des deux coftez des lits de ferge verte, où font couchez les foldats bleffez, qu'on traite avec beaucoup de foin. Au bout de cette galerie, on en rencontre une autre à main droite, où l'on met les Turcs & les Forçats.

De cette hôpital, on nous fit paffer à l'Arcenal qui eft peint en bleu, femé de fleurs de Lys jaunes. Il eft fort vafte, & fes râteliers font remplis de piques, de mousquets, & de certains boucliers à l'antique, dont on se servoit autrefois pour se garantir des coups de trait, & dont on orne les poupes des Galeres, lors qu'elles vont en mer. Au sortir de cet Arcenal, on nous conduisit dans de grandes galeries, où deux ou trois cens ouvriers de l'un & de l'autre sexe, travaillent incessamment à faire le linge & les habits des Matelots, & des Soldats qui servent sur les Galeres. On nous dit qu'on ny employoit que les draps & les toiles qui sont fabriquées dans cette maison: Le dessous de cette galerie, est remply de filasses, & il y a des Armoires des deux costez; où l'on enferme le linge, les habits, & les bonnets que l'Intendant de cette maison fait distribuër à ceux qui en ont besoin. Il y a une des courts presque toute couverte de grosses & longues poûtres qui sont destinées pour les bastimens des Galeres & des Vaisseaux, qu'on travaille dans ce mesme Arcenal sous de grands couverts : On y fait venir l'eau de la mer par des machines lors qu'on veut mettre à flot les bastimens qui sont achevez. Pour cet effet on ouvre les éclufes, & par ce moyen on les fait entrer dans le Port qui en est fort proche.

Nous vîmes du mesme costé de ce Parc, & sur le sommet d'une haute montagne, le fort de Nostre-Dame de la Garde, dont Monsieur de Bachaumont

&

& Monsieur de la Chapelle, ont fait une si plaisante Description dans la Relation de leur Voyage. L'Abbaye de Saint Victor, est sur le penchant de cette côte, c'est un des plus considerables Benefices qui soit en France, tant pour son revenu, qui est de soixante mil livres de rente, que pour son antiquité, & le grand nombre des Reliques qu'on y conserve. On pretend qu'il y a plus de trois cens Corps Saints, & l'on nous y montra la Croix entiere où S. André fut attaché : Nous y vîmes aussi une Chapelle, dans laquelle Sainte Magdelaine fit sa demeure pendant six ans, preschant nostre Religion aux nouveaux Chrestiens dans le temps que Saint Lazare son frere estoit premier Evesque de Marseille. Apres y avoir entendu la Messe, nous allasmes à la Citadelle qui est du même costé, elle est bastie & fortifiée à la moderne ; il y a quantité de gros Canons, son Arcenal & son magasin sont remplis de toutes sortes d'armes, elle commande le Port, & a vis-à-vis d'elle la Tour S. Jean, ce qui met ce Port hors de toute surprise. Il y a d'un costé l'Abbaye Saint Victor, dont je viens de vous parler, & de l'autre un Quay de plus de quinze cens pas de longueur, mais qui n'est pas large à proportion ; son embouchure est fermée par une chaîne soutenuë à certaine distance sur trois piliers de pierre qui ne laiſſent que l'eſpace qu'il faut pour le paſſage d'un vaiſſeau : On y en void toûjours un grand nombre, les-uns armez en guerre, les autres deſtinez pour le commerce. Les Galeres y ſont d'ordinaire, nous en viſmes cinq ou ſix fort belles. La plus conſiderable de toutes eſt celle qu'on apelle Sainte Marie la Royale, elle a trente-deux bancs ſur leſquels ſont rangez ſix-vingt Forçats, ſa poupe eſt enrichie de bas reliefs dorez.

Vers le milieu du Port est placé l'Hôtel de Ville, où l'on entre par un grand Portail orné de gros piliers de marbre: La grande Sale est pavée de careaux de marbre blanc & noir: C'est l'endroit où s'assemblent tous les Marchands, & où ils negocient leurs Lettres. Au sortir de l'Hôtel de Ville, nous allâmes nous promener au Cours qui est planté de grands arbres. Ces arbres forment une longue allée, si large que sept ou huit carosses peuvent y passer de front. Au milieu est une fontaine qui jette de l'eau en abondance par plus de vingt gros tuyaux : Cette eau vient par un ′queduc qui passe sous la Porte de la Ville, où le Cours aboutit. Il y a des maisons des deux costés qui sont toutes neuves, & toutes de mesme simetrie: La plûpart ont de grands balcons de fer peints d'un verd gay, ils sont soûtenus par des statuës qui font sallie sur les Portes, & se jettent également en déhors. Aux deux bouts de cette promenade, on trouve de grandes ruës qui se terminent à autant de portes de la Ville, & qui sont croisées par d'autres ruës qui se rendent aussi à d'autres portes. Il y en a une d'une structure si ingenieuse qu'elle fait face à trois differentes ruës. Aptes avoir fait plusieurs tours dans cet agreable lieu, nous retournâmes à l'Hôtel de Malthe où nous estions logez; il est dans une grande place ou finit ce superbe Cours. On prendroit aifément cette Hoftelerie pour le Palais de quelque grand Seigneur, tant elle eft magnifique, elle a quatre grands efcaliers qui degagent fes apartemens, compofés de plufieurs chambres de plein pied : Le portail de cette maifon a des pilaftres de marbre, qui foutiennent un beau balcon de fer, les grilles des feneftres font de mefme nature ; & le tout eft peint d'un vert éclatant, qui frape agreablement la veuë:

La bône chere qu'on nous fit dans cette Hostelerie, répondit à la magnificence du bastiment: Et afin que rien ne manquast à nostre plaisir, on y joignit l'harmonie des meilleurs violons de la Ville.

Nous y fûmes fort bien traitez;
Le vin estoit fort frais, & d'un goust admirable;
Les petits Ortolans, ces oiseaux tant vantez,
Furent soir & matin servis sur nostre table.

Ie ne dis rien de l'abon-
dance,
Des fruits exquis & deli-
cats,
Des figues, des melons, &
de ces bons muscats;
Qui sont si communs en Provence,
Et dont tous nos frians font
icy tant de cas.

Vous pouvez croire que nous ayans si bien traitez, on nous fit bien payer la bonne chere : Mais en verité nous estions si satisfaits que nous donnâmes sans peine ce qu'on nous demanda. Nous avions retenu à souper un Marchand qui nous avoit fait voir tout ce qu'il y avoit de curieux dans cette Ville. Apres avoir parlé de plusieurs choses indifferentes, je luy demanday des nouvelles d'un de ses amis nommé du Lac, que je connoissois depuis long-temps; il me dit qu'il n'y avoit pas d'apparence qu'on le vît jamais à Marseille, estant retenu à Smirne par un si fort attachement, qu'il en estoit blâmé de tout le monde. La plûpart des Marchands qui negocioient auparavant avec luy, ne voulant plus avoir afaire à un homme qui vivoit avec tant de desordre, & si scandaleusement. Cela me donna la curiosité d'aprendre ses avantures, & jugeant bien que le recit n'en pouvoit être qu'agreable à la compagnie, je priay ce Marchand de nous accorder cette grace. Il ne put s'en deffendre, & voicy côme il satisfit mon desir.

HISTOIRE

DE

DU LAC

Puis que vous connoissez du Lac, il n'est pas necessaire que je vous dise qu'il est bien-fait de sa personne, riche, & liberal. Il n'épargne rien pour goûter les plaisirs ausquels il est sensible; & comme il est d'une humeur inquiete, il a mieux aimé aller dans les pays étrangers, que de mener dans celuy de sa naissance une vie plus douce, & plus paisible. Ayant pris cette resolution, il s'embarqua pour aller en Levant, il trafiquoit, tantost au Caire, tantost à Alep; mais le plus souvent à Smirne, qui est le Port le plus fameux de la Natolie, & où les François font leur plus grand commerce. Un jour qu'il attendoit avec impatience l'arrivée d'un Vaisseau, sur lequel il avoit des marchandises considerables. Il se leva dés la pointe du jour, & s'alla promener sur le Port, il suivit la coste en resvant, & ayant vû que la mer estoit fort agitée, il regardoit de temps en temps, s'il ne verroit point paroistre le Vaisseau qu'il attendoit. Apres avoir regardé de tous costez autant que sa veuë pouvoit s'estendre, il découvrit les tristes débris d'un bastiment qui s'estoit brisé contre des écueils, dont il n'étoit pas fort éloigné; il discerna des cables, & des mats rompus, & à mesure que ces funestes marques d'un naufrage approchoiét de luy, il apperçeust une femme qui luitoit contre les vagues, & faisoit d'inutiles efforts pour monter sur une planche, qu'elle tenoit d'une main. Ce pitoyable objet luy inspira le dessein de donner du secours à cette malheureuse; mais ne trouvant ny Barque ny Esquif pour aller

ler à elle, il fut contraint d'attendre que la Fortune secondât ses bonnes intentions: Il vît bien-tost ses vœux exaucez, le vent qui estoit fort violent, poussa avec impetuosité ce debris sur le sable, & cette femme qui ne s'en estoit pas éloignée, y fut portée en mesme temps. Du Lac surpris de la magnificence de ses habits tout couverts de Broderie, & semez de Diamans en plusieurs endroits, regarda moins la beauté du visage de cette infortunée, que ces marques éclatantes de sa grandeur, qui luy faisoient esperer qu'il ne perdroit pas la peine qu'il prendroit à la secourir.

Il fit signe à des Pescheurs qui estoient sur le rivage, d'approcher, & il leur dit en Langue Franque, que tout le monde parle dans le Levant, de la porter dans une Cabane voisine, qu'il crût estre leur rétraite ordinaire. Trois ou quatre Sultanins qu'il leur mist dans la main, firent executer ses ordres avec diligence. Dés que cette femme fut dans cette petite habitation, on la posa sur un monceau de feüilles, qui servoit de lit à ces Pescheurs, afin de luy donner le loisir de reprendre ses esprits: Mais elle estoit si fatiguée du travail qu'elle avoit souffert, qu'elle n'ouvrit les yeux de plus d'une heure, & peut-estre sa pamoison auroit duré d'avantage, si un de ces Pescheurs que du Lac avoit envoyé chez luy avec la clef d'une armoire, ne fut revenu avec une phiole pleine d'un eau cordiale, que du Lac luy avoit dit d'apporter: Aussi-tost qu'il en eust fait prendre une cuillerée à l'inconnuë, elle donna par un soupir quelque marque de vie. Ce fut alors que du Lac la considera avec plus d'attention, & que malgré la pâleur qui paroissoit sur son visage, il y vist des traits si délicats & un tein si fin, qu'il s'estima fort heureux d'avoir en sa puissance une personne aussi aimable que celle-là. La veuë d'une si grande beauté, fit qu'il redoubla ses empressemens, & qu'il n'oublia rien de ce qui pouvoit rétablir ses forces : Il y travailla avec tant de succés, qu'au bout de cinq ou six heures la parole luy revint, & d'un ton fort foible, elle demanda à du Lac en Langue Circassienne qu'il entendoit passablement, en quel lieu la fortune l'avoit jettée ; il luy fit entendre autant par signes que par ses discours, qu'elle ne se mit en peine de rien, & qu'on n'auroit pas moins de soin de sa santé, que si elle estoit dans sa Famille. Comme du Lac avoit donné ordre de faire venir quelques-uns de ses domestiques, avec un de ses Chariots couverts, dont les femmes Turques se servent ordinairement, il le vit arriver presque dans le mesme moment que l'inconnuë venoit de luy parler. Peu de temps apres, il la pria de monter dans ce Chariot, de quiter un lieu où elle ne pouvoit rester sans incommodité, & de permettre qu'on la portât dans sa maison, où elle seroit beaucoup mieux servie. Les soins empressez de du Lac, avoient tellement prevenu la Circassienne à son avantage, qu'elle ne fit aucune difficulté de s'abandonner à sa conduite ; & tâchant de se lever sur son seant, elle luy fit connoître par son action, qu'elle estoit disposée à faire ce qu'il desiroit d'elle. Du Lac voyant qu'elle y confentoit, la fit prendre par deux de fes domeftiques qui la mirent dans le Chariot. Apres qu'on l'eût placée le mieux qu'on pût, pour empêcher qu'elle ne fut incommodée, du Lac y entra, & s'eftant affis auprés d'elle, il commanda au cocher de prendre le chemin de la Ville. Comme il partit fort tard de la Cabanne des Pefcheurs, la nuit eftoit déja affez avancée lors qu'il arriva à Smirne.

Il en fut d'autant plus ai-
fe, que l'obfcurité favori-
foit le deffein qu'il avoit,
de cacher à tout le mon-
de fa bonne fortune. Dans
cette veuë il alla defcen-
dre à une porte de derriere, qui répondoit au jar-
din de fa maifon; & il fit
conduire l'inconnuë, par
ceux à qui il avoit fait part
de fon fecret, dans un Pa-
villon qui eft à l'extremi-
té de ce jardin. Pour luy
donner le temps de fe re-
mettre, il ne la vit que ra-
rement pendant quelques

jours, mais lors qu'il crût qu'elle estoit en parfaite santé, il luy dit milles choses tendres, & il luy fit connoistre que dés le premier moment qu'il l'avoit veuë, il avoit senty pour elle une passion qui devoit durer autant que sa vie. Elle luy répondit avec beaucoup d'honnesteté; ce qui confirma du Lac dans la pensée qu'il avoit dé-ja eu, que c'estoit une personne de grande qualité. Pour en estre plus asuré il la pria de luy apprendre son nom, sa naissance, & les circonstances de son naufrage. Les manieres engageantes, & la discretion de du Lac avoient fait tant d'impression dans l'esprit de l'inconnuë, qu'elle crût ne devoir user d'aucun déguisement ; & croyant estre obligée de luy parler avec une entiere confiance, elle le fit en ces termes.

Je me nomme Agariste, luy dit-elle, & ceux à qui je dois le jour, tiennent quelque rang dans la Circassie, qui est le lieu de ma naissance. Ils ne m'ont pas fait élever dans la molesse ordinaire aux personne de mon sexe, la chasse a toûjours fait ma principale occupation, & mon plus agreable divertissement. Un jour en poursuivant sur le bord de la mer noire un Cerf que ma meute avoit lancé: Je mécartay assez loin des Piqueurs, & courant le long de la plage, mon esprit n'étant occupé que du soin de joindre la beste, je donnay malheureusemét dans une troupe de Tartares qui avoient laissé leur Brigantin à la rade. Je me deffendis autant que je pûs contr'eux, & me servant d'une Zagaye * que je tenois à la main, j'en perçay un de ces voleurs, qui vouloit saisir la bride de mon cheval. Ce Corsaire tomba mort sur le sable, ses Compagnons alors me voyant desarmée, se jetterent tous ensemble sur

* C'est un grand Dard dont les Maures se servent pour combatre.

moy, & m'emporterent dans leur Brigantin. Ils s'éloignerent aussi-tost de la Coste à force de voiles, & le vent estant frais, ils gagnerent dans peu de tems la pleine mer. Nous vogâmes pendant trois jours fort heureusement, & nous découvrîmes enfin les dômes des Mosquées du grand Caire. Ce fut là que mes Ravisseurs aborderent, & qu'ayant mis pied à terre, ils me vendirent au Bassa trois cens Sultanins. Quoyque cette sóme fut considerable, le Bassa crut avoir fait une bonne affaire, & se persuada que m'envoyât au Serail, il feroit fort bien sa cour au grand Seigneur. Il me fit faire dés le messme jour des habits magnifiques, afin de relever le peu de beauté que le Ciel m'a donné, & voulut rendre par là plus considerable le present qu'il avoit resolu de faire à son Maistre. Peu de temps apres, il chargea de ma conduite un Esclave, en qui il prenoit beaucoup de confiance, &

m'ayant fait embarquer sur le meilleur Vaisseau qui fut dans le Port, il luy commanda de prendre la route de Constantinople. Cependant le Ciel n'a pas secondé ses injustes desseins, & la tempeste qui a brisé le bastiment sur lequel j'estois, m'a fait tomber entre vos mains pour rendre ma fortune plus heureuse; bien qu'elle ne soit pas accompagnée de la grandeur à laquelle j'estois destinée, je ne laisse pas d'y trouver beaucoup de satisfaction. Les Sultanes à mon sens, ne sont que des Esclaves, qui pourà voir des fers dorés, n'en sont pas pour cela plus libres. Il n'y en a qu'une ordinairement qui possede le cœur du grand Seigneur, & le hazard plûtost que le merite dispose de ce rang. Il faut tant d'artifice & de peine pour se conserver dans un poste qui est si envié par toutes les Sultanes, qu'on n'est jamais sans inquietude. Pour moy je croy qu'à ce prix-là, on ne le doit pas desirer, &

je n'en regretteray pas la perte, si mon genereux protecteur veut me conserver l'amitié qu'il m'a promise: Avec cela je trouveray ma condition mille fois plus heureuse, que celle de la Sultane Asaki. * Du Lac ravy de l'entendre parler ainsi, ne pût s'empêcher de se jetter aux pieds de l'aimable Agariste, pour la remercier de l'aveu qu'elle venoit de luy faire; & pour luy témoigner qu'il

* C'est le nom qu'on donne à la Sultane favorite.

vouloit bien se donner tout entier à elle, il luy dit, qu'il avoit dessein de l'épouser, si elle avoit la bonté d'y consentir. Vous serez surpris de cette proposition, me dit ce Marchand ; Vous qui sçavez que du Lac estoit dé-ja marié à Marseille ; mais pour faire cesser vostre étonnement, je vous diray que l'Eglise Grecque a authorisé dans tout le Levan certains Mariages qu'on appelle Kabin, & qui ne sont à proprement parler, que des concubinages, puis qu'ils ne subsistent que pendant un temps. Le mary stipule une recompense qu'il est obligé de payer à la femme, quand le terme dont ils ont convenu est expiré, & alors ils sont dans la liberté de se quiter, ou de renouveller le Mariage si bon leur semble. Les Marchands Chrêtiens qui n'ont pas le don de continence, & qui veulent avoir des femmes partout, se servent fort de cette sorte de Mariage, &

comme ils ont des magasins en divers endroits, ils trouvent que pour la feureté de leurs marchandises, il leur est fort commode d'avoir un ménage étably dans chaque lieu où ils trafiquent. Ce fut suivant cet usage que du Lac songea à s'engager avec Agariste. Ayant pris cette resolution, il passa un Contract avec elle, selon la coûtume du Païs; & il luy donna la main en presence de l'Evêque de Smirne. Depuis ce temps-là, il mena une vie fort douce : Agariste par mille complaisances, tâcha de reconnoistre les obligations qu'elle luy avoit; & ce bon-heur n'auroit esté troublé par aucune inquietude, si une Esclave Negre que du Lac avoit mis auprés d'elle, n'eust fait naître la jalousie dans son cœur, en luy aprenant que du Lac estoit marié à Marseille. Il est vray que pour adoucir le chagrin que cette fatale nouvelle auroit pû luy causer, elle luy dit que cette Provençale estoit si bizarre & si imperieuse, que sa mauvaise humeur avoit obligé du Lac de quitter son païs pour aller passer ailleurs une vie plus tranquille. Comme Agariste estoit fort douce & fort adroite, bien loin de témoigner quelque froideur à son mary, elle tâcha par de nouveaux agrémens de l'engager d'avantage. Neámoins elle ne pût s'empêcher de luy dire un jour qu'elle apprehendoit avec raison qu'il ne changeât bien-tost de sentiment, puis qu'il n'estoit engagé avec elle que pour un temps, & qu'il l'estoit à Marseille avec une autre pour toute sa vie. Du Lac voulut s'en deffendre, mais elle luy dit des circonstances si precises, qu'il ne pût s'empêcher de luy avoüer la verité. Il l'assura toutefois, qu'elle posederoit éternellement son cœur, qu'il avoit toûjours eu une antipatie naturelle pour sa femme de Marseille, & qu'il ne l'avoit épousée

sée, que parce qu'elle étoit une des plus riches heritiéres de la Ville. Si vous connoissiez comme moy, reprit Agariste, dequoy sont capables les femmes qui ne sont attachées à leur mary que par leur devoir, peut-estre songeriez-vous à rompre ce nœud fatal, qui fait tout le malheur de ma vie. Nostre Religion, repartit du Lac, ne permet pas aux hommes de repudier leurs femmes, lors qu'ils en connoissent la mauvaise conduite. Je ne suis pas aussi assez cruel pour tremper mes mains dans le sang de cette malheureuse, quelque outrage qu'elle pût me faire : Mais je vous dône ma parole, que si je puis reconnoistre qu'elle ne me garde pas toute la fidelité qu'elle ma juré devant les Autels, je renonceray pour toute ma vie à mon País, & que je m'établiray à Smirne pour y finir mes jours avec vous. Agariste témoigna estre satisfaite de cette réponse, & elle ne luy parla plus de la femme de Provence. Quelques jours apres, du Lac receut des Lettres de Marseille, par lesquelles on luy mandoit que sa presence y estoit absolument necessaire, & que s'il ne s'y rendoit promptement, il couroit risque de perdre une somme considerable, qui luy estoit deuë par un Marchand dont les affaires estoient en desordre. Il fit part de cette Lettre à Agariste, & il la pria de trouver bon qu'il s'éloignât d'elle pour quelques mois. Ce fut un coup terrible pour cette aimable Circassienne, elle s'affligea, elle pleura, & enfin elle luy dit qu'elle voyoit bien qu'il commençoit à se lasser d'elle, & qu'il prenoit ce pretexte pour rentrer dans ses premiers liens. Tout ce que put dire du Lac pour la guérir de ses soupçons, fut inutile. Il luy montra la Lettre qu'il avoit receuë; elle luy soutint qu'elle étoit suposée, & luy protesta que le seul moyen de mettre son esprit en repos, c'estoit de souffrir qu'elle l'accompagnât dans ce voyage en habit de Cavalier. Du Lac fit naistre milles obstacles pour l'empêcher de s'opiniastrer dans cette resolution: Mais elle luy dit si fortement, qu'à son retour il ne la trouveroit plus en vie, qu'il fut obligé de consentir à ce qu'elle desiroit. Agariste n'avoit jamais esté si belle qu'elle parut sous ce déguisement, & elle connut avec plaisir dans les yeux de du Lac, que sa passion en estoit devenuë plus forte & plus violente. Ils partirent peu de jours apres sur un vaisseau de Provence, qui ayant sa charge complete, n'attendoit qu'un vent favorable pour sortir du Port de Smirne. Pendant le Voyage, Agariste qui avoit apris la Langue Françoise depuis qu'elle avoit épousé du Lac, s'informa d'un des Marchands à qui ce Vaisseau apartenoit, du caractere & de l'humeur de sa rivalle. Apres qu'elle fut instruite de tout ce qu'elle vouloit sçavoir, elle ne douta pas qu'elle ne pût reüssir dans le dessein qu'elle avoit fait avant que de partir de Smirne.

Lors qu'ils furent arrivez à Marseille, elle accompagna du Lac dans sa maison, comme si ç'eust esté un amy qui eust fait le Voyage avec luy. Du Lac l'ayant presenté à sa femme, elle le receust avec beaucoup d'hônesteté. L'entreveuë de du

Lac & d'Isabelle (c'est le nom de sa femme) n'eust rien de tendre; suivant son humeur aigre & bizarre; elle fit mille reproches à son mary, de ce qu'il avoit tardé si long-temps à revenir en France. Neanmoins, apres ces premiers transports, elle prit un air plus moderé, de peur que ses emportemens n'obligeassent un Etranger qui commençoit à ne luy pas déplaire, d'avoir moins de consideration pour elle. Du-Lac qui ne songeoit qu'à qu'à mettre ordre aux affaires qui l'avoient obligé de partir de Smirne, ne demeura pas long-temps auprés d'Isabelle, & en la quitant il la pria d'avoir soin du Chevalier de Saint Brisson, (c'est le nom qu'il avoit donné à Agariste.) Il n'avoit pas besoin de luy faire cette priere, elle y étoit assez disposée par son inclination, les soins & les complaisances du Chevalier, augmenterent encor ses tendres mouvemens. Pendant l'absence de du

Lac, qui fut obligé d'aller à Aix & à d'autres Villes de Provence, pour recouvrer ce qui luy estoit deub: Le Chevalier n'oublia rien de ce qui pouvoit plaire à Isabelle, tous les jours il inventoit des parties de plaisirs, les violons, & la bonne chere accompagnoient tous ses regals: Comme il avoit beaucoup d'esprit, il disoit cent agreables folies qui mirent la vertu d'Isabelle aux abois. Lors que du Lac fut de retour, il apprit de di-

vers endroits, l'intrigue du Chevalier & de sa femme, qui commençoit à faire du bruit dans le monde. A la premiere nouvelle qu'on luy en donna, il ne pût s'empêcher de rire de la confidence que luy fit un amy indiscret, qui croyoit luy rendre un bon office, en l'avertissant de la mauvaise conduite de sa femme. Il luy dit d'un air enjoüé, je connois le Chevalier mieux que vous, & tandis que ma femme n'aura point d'autre galant, je ne
N ij

craindray jamais qu'elle trahiſſe ſon devoir, & mon honneur ſera toûjours en ſeureté. Il ne voulut pas s'éclaircir d'avantage, & mourant d'impatiéce d'aller plaiſanter de cette avanture avec le Chevalier, il retourna promptement chez luy: Dés qu'il pût trouver l'occaſion de l'entretenir ſans témoins, il luy fit le recit de ce qui venoit de luy arriver. Alors le Chevalier luy avoüa qu'il y avoit long-temps qu'il avoit pris la reſolutió d'éprouver la fidelité d'Isabelle, & de faire tout ce qu'il pourroit pour luy donner de l'amour, qu'il croyoit y avoir reüssi, & qu'il avoit mis les choses à un tel point qu'il ne tiendroit qu'à luy de voir qu'elle luy estoit infidelle. Du Lac luy témoigna qu'il seroit bien aise d'en estre convaincu, & luy reïtera la parole qu'il luy avoit donnée à Smirne, de s'attacher tout à fait à sa chere Agariste. Si Isabelle par sa mauvaise conduite se rendoit indi-

gne de son amitié. Apres
que cette conversation fut
finie, le Chevalier se ren-
dist à la chambre d'Isabelle pour mettre les choses
au point qu'il souhaitoit
depuis si long-temps. Il y
avoit dé-ja plusieurs jours
qu'Isabelle faisoit esperer
au Chevalier, qu'elle don-
noroit à sa tendresse le prix
qu'elle meritoit; & com-
me le retour de du Lac
sembloit rompre les mesu-
res de ces deux Amans,
le Chevalier parut incon-
solable de ce contretemps,

& dit à sa Maîtresse que toutes ses douceurs n'estoient que des douceurs feintes, & qu'il voyoit bien qu'elle ne vouloit que l'amuser jusques au départ de du Lac, apres quoy elle le banniroit entierement: En mesme temps il luy protesta qu'il ne pouvoit souffrir sa trahison sans mourir, & tirant son épée il feignit de s'en percer le cœur. Isabelle effrayée se jetta à son col, & l'ayant desarmé, luy promit de faire tout ce qu'il voudroit, le Chevalier prenant un air plus tranquille, luy dit qu'il seroit aisé de le satisfaire si elle le vouloit, que du Lac estant fatigué de son Voyage, dormiroit sans doute profondement la nuit prochaine, & que pendant son sommeil elle pouroit aisément passer dans la chambre d'un homme qui mouroit d'amour pour elle. Isabelle s'engagea à faire ce que le Chevalier desiroit, & S. Brisson dans la crainte qu'il eût que sa Maîtresse ne changeât de resolution, la quitta pour aller avertir du Lac du dessein de sa femme. Ils convinrent que pour mieux faire donner Isabelle dans le piege, du Lac feindroit de s'endormir aussi-tost qu'il seroit couché, & que dés qu'elle seroit sortie de son lit, il la suivroit de prés pour ne luy pas donner le loisir de connoistre le sexe d'Agariste: Isabelle tint parole au Chevalier, & pour mieux tromper son mary, elle luy fit plus de caresses qu'à l'ordinaire; mais du Lac qui attendoit avec impatience le dénoüement de cette avanture, fit semblant de ne pouvoir resister au sommeil, & piqué des artifices de cette infidelle, il luy tourna le dos. Bien qu'il n'eust pour elle depuis long-temps que des sentimens d'indifference, il ne laissa pas de sentir vivement l'outrage qu'elle luy faisoit, tant il est vray qu'on ne peut souffrir d'estre trahy, mesme par une femme qu'on n'aime pas. Lors qu'Isabelle fut bien persuadée que son mary estoit endormy, elle se leva tout doucement d'auprés de luy, & passa dans la chambre du Chevalier. Agariste la receut avec beaucoup d'inquietude, craignant qu'elle ne la connut pour ce qu'elle estoit, & que du Lac n'arrivât pas assez à temps pour la tirer d'affaire. Neanmoins son inquietude ne dura pas long-temps: Ce fidel Amant se rendît bien-tost auprés d'elle, &

faisât éclater tous les tranfports d'un mary outragé, il mit Isabelle dans une si grande confusion qu'elle crût avoir tout à craindre pour sa vie : Dans cette surprise, elle gagna le degré, & ayant ouvert la porte de la ruë, elle se jetta toute nuë, comme elle estoit, dans la maison d'une de ses voisines qui eut beaucoup de peine à la remettre, & à luy faire conter le sujet de sa frayeur. Le lendemain dés qu'il fut jour, elle mit un des habits de son amie & se retira dans un Convent, où la Superieure qui étoit sa parente la receut à bras ouverts, & luy promît de la dérober aux ressentimens de son mary. Du Lac qui avoit terminé ses affaires, fut bien-aise d'avoir trouvé un pretexte honneste pour sortir de Marseille sans la voir, & s'estant embarqué avec sa chere Agariste, il retourna avec elle à Smirne. C'est là qu'il passe sa vie dans un desordre continuël, abandonnant entierement sa reputation pour s'attacher à sa Concubine ; & ne faisant pas reflexion qu'un homme d'honneur ne doit jamais quiter une femme legitime, quelque sujet qu'elle luy en ait donné. Voila me dit ce Marchand ce que vous avez desiré de sçavoir de moy.

Toute la compagnie témoigna d'estre fort satisfaite de son recit, & apres que nous l'eusmes remercié de la peine qu'il s'estoit donné, voyant qu'il eſtoit fort tard, nous prîmes congé de luy pour nous aller coucher. Le lendemain avant que partir de Marſeille, nous voulûmes voir la vieille Ville qui eſt bien differente de la nouvelle; les ruës en ſont fort étroites, fort ſombres & ſerrées, & ce qu'elles ont de plus deſagreable, c'eſt que pour peu qu'on aime la propreté on n'y ſçauroit paſſer en temps de pluye. Vous n'aurez pas de peine à m'entendre, vous qui ſçavez que dans toute la Provence on prend sur les toits des maisons le fumier dont on engraisse les terres.

Un objet si desagreable à la veuë, & à l'odorat nous fit promptement éloigner de Marseille pour retourner à Aix, qui en est éloigné de cinq grandes lieuës, ce qui fut cause que nous arrivâmes fort tard. Nous eusmes peine à trouver à nous loger, parce que nous menions des femmes: Le scrupule

de

de ces gens nous parût ridicule, n'y ayant point de païs, quelque Barbare qu'il soit, où on n'ait de la civilité & de la consideration pour les Dames; neámoins apres avoir esté refusez en plusieurs endroits, on nous receut, enfin, à l'Hôtellerie du Moulin à vent: Nous y fûmes fort bien traitez, ce qui nous fit oublier la fatigue que nous avions eu.

Le jour suivant, apres avoir entendu la Messe, nous montâmes en carrosse, & bien que la violence du vent arrêta souvent nos chevaux, & les empêchât d'avancer, nous ne laissâmes pas d'aller à Salon. Quoyque le mauvais temps que nous avions souffert, nous deust faire desirer le repos, nous voulûmes profiter du temps. Avant que d'entrer dans l'Hôtellerie, nous visitâmes le Tombeau du fameux Nostradamus, qui est aux Cordeliers, son portrait est contre la muraille, nous l'eusmes son Epitaphe qui eſt au deſſous en Vers Latins & François: Elle eſt ſi peu de choſe, qu'elle ne vaut pas la peine d'eſtre raportée. Il y a dans la meſme Egliſe une deſcente de Croix de marbre fort bien faite, & ce qui eſt digne d'admiration, c'eſt que dans une ſeule pierre on a taillé ſix figures de grandeur naturelle : On nous montra dans une autre Chapelle, une Vierge d'albâtre de cinq pieds de hauteur, & un petit Saint Pierre, qui bien qu'il ne soit que de terre à Potier, ne laisse pas d'estre fort estimé par les curieux. Un Soldat à qui on le fit voir eut la malice de luy couper la teste, qu'on a jointe au corps avec de la chaux & du ciment.

De Salon nous allâmes dîner à Saint Martin, nous marchâmes toute la matinée dans cette grande pleine, qui à cause des cailloux dont elle est remplie, est appellée par ceux du Pays la Crau, bien qu'elle paroisse tout à fait sterille, elle ne laisse pas de pousser une herbe verte & fraîche, qui nourrit plus de vingt mille moutons dont la chair est d'un goust merveilleux, & sent le tein & la marjolaine.

Le mesme jour nous arrivâmes de fort bóne heure à ARLES. Cette Ville est fort ancienne, elle a esté autrefois la Capitalle d'un Royaume qui en portoit le nom, & qui contenoit toute la Provence & partie du bas Languedoc. Du temps des Romains, elle estoit une de leurs Colonies ; & Constantin le Grand voulut bien la choisir pour y faire son sejour, & y tenir le Siege de l'Empire dans les Gaules: En l'année 730. les Sarrazins la prirent, mais Charles Martel les en chassa bientost apres. Depuis ce temslà, elle demeura toûjours unie à la Courône de France, jusques à ce que Bozon établit le Royaume d'Arles, qui apres la mort du dernier Duc d'Anjou

Comte de Provence, fut encore reüny à la Couronne de France.

On y void un Amphiteâtre, mais il est presque tout ruiné, & il n'approche, ny de la beauté, ny de la grandeur de Nismes. On a élevé dans la grande place qui est devant l'Hôtel de Ville, un obelisque d'une pierre qu'on appelle granite Orientalle, bien plus dure & plus pretieuse que le marbre. Il est tout d'une seule pierre, quoyque sa hauteur soit de cinquante-deux pieds, & sa baze de sept do diametre. On a mis sur sa pointe un Globe qui porte un Soleil de cuivre doré avec la Devise du Roy NEC PLURIBUS IMPAR. Son pied destal est à peu prés comme celuy du cheval de bronze qui est à la Place Royalle. Il a sur ses quatre faces des Inscriptions à loüange de nostre Monarque, elles ont esté faites par l'Illustre Monsieur Pelisson. C'est assez vous en dire, pour vous faire connoistre connoiftre qu'elles font pleines d'efprit : On croid que les Romains avoient fait venir cette piramide extraordinaire, pour la confacrer à la memoire de quelques-uns de leurs Empereurs.

Depuis fort peu de tems, un particulier faifant foüiller la terre d'un jardin qu'il a fur le bord du Rhône, il découvrit la pointe de ce beau monument, qu'on a élevé à l'honneur de Loüis le Grand. Apres avoir quelque temps confideré cette Obelisque, nous entrâmes dans l'Hôtel de Ville, qui est un ouvrage moderne d'une belle Architecture. Nous y montâmes par un escalier de deux ou trois marches, & passâmes par une grande porte qui donne entrée à une sale de plein pied, pavée de carreaux de marbre blanc & noir. Dans une petite chambre voûtée qui est à la droite en entrât, nous trouvâmes une statuë de Diane, qui avoit autrefois rendu des oracles dans le Temple d'Ephese, à ce qu'on nous dit. Quoy-qu'elle ait un bras rompu, & que le Levrier qui est auprés d'elle, ait la teste emportée, on ne laisse pas de connoistre qu'elle est de la main d'un grand maistre. Elle imite tellement la nature, qu'on diroit qu'elle s'abandonne à la course, pour joindre la beste qu'elle poursuit. On nous montra dans une maison voisine, un puyts d'où l'on nous dit qu'on avoit tiré depuis quelques années cette piece merveilleuse. Dans le mesme lieu, on nous fit voir quelque restes d'un Autel de marbre, & 2 grandes Colónes de la même matiere d'ordre Corinthien, entre lesquelles anciennement cette belle statuë avoit esté placée.

Quoy-qu'il fut assez tard lors que nous sortîmes de cette maison, nous ne laissâmes pas d'aller voir un Cimetiere, qui est hors de la Ville, remply de plusieurs Tombeaux de marbre. On l'appelle les

Champs Elisées : Nous entrâmes ensuite dans une Eglise qui est tout joignant, elle est propre & riche, & elle est deservie par des Minimes. Le maistre Autel est fermé d'une balustrade de marbre blanc, qui contient toute la largeur de l'Eglise. On dit qu'elle a esté faite des pierres qu'on a tirées d'une partie des Tombeaux qui estoient dans le Cimetiere ; & il y a beaucoup d'apparence, parce qu'on y voit encore plusieurs bas reliefs, représentant des Histoires de la Sainte Ecriture, qui ne sont pas d'un ouvrage moderne, & qui sont fort bien travaillez. De-là nous descendismes à la clarté de plusieurs flambeaux, dans une Catacombe ou voute sous terraine, remplie d'autres Sepulchres anciens. Il y en a un qu'on appelle le Tombeau de la Lune, parce qu'il a toûjours de l'eau qui croist & diminuë suivant le cours de cet Astre. Il est placé entre deux autres qui font toûjours à sec. Celuy qui est au deffous, renferme les offemens de quelque Saint dont on ne fçait pas le nom, & celuy qui est au deffus est vuide. On ne peut comprédre d'où vient l'eau qui est dans celuy du milieu, les deux autres n'en ayant point, non plus que la fimpathie qu'il a avec la Lune: On n'en trouve aucun exemple en France, que dans le Cimetiere de Saint Surin de Bourdeaux, où dans un Tombeau qui est sur un pilier, on voit l'eau croistre & diminuër de la même maniere. Tous les autres Tombeaux qui sont dans la Catacombe d'Arles, sont ornez de figures semblables à celles de la balustrade; ce qui fait croire encore qu'on a tiré du Cimetiere, les pieces de marbre qui composent cette balustrade. On voit dans cette voûte sous-terraine, une pierre de deux pieds en quarré, sur laquelle pendant la persecution, Saint Trophisme Disciple de S.

Paul, offroit à Dieu le S. Sacrifice. Les Chrestiens se plaçoient au dessus de cette voûte, & par des trous qu'on y avoit faits ils entendoient la Sainte Messe. Nous employâmes tant de temps à considerer ces antiquitez, que nous eusmes besoin de nos flambeaux pour nous conduire à l'Hôtellerie, où nous trouvâmes qu'on nous attendoit pour souper. Ce qui me surprit un peu, ce fut la familiarité de l'Hôte, qui sans faire de façon se mit à noſtre Table, railla impudemment un Conſeiller du Parlement d'Aix qui ſoupoit avec nous, luy dit cent ſottiſes, but à la ſanté de toute la troupe, & ſi ſouvent, qu'à la fin du repas, il parut bien qu'il en avoit plus pris qu'il ne luy en falloit.

Le lendemain nous nous levâmes avant le jour, pour avoir le temps de voir l'Egliſe Cathedrale dediée à Saint Trophiſme ſon Fondateur. Le Vaiſſeau de cette Egliſe eſt fort grand, & ses Chapelles sont fermées par des balustres de fer. La plus belle de toutes est celle du dernier Archevêque, qui est ornée de peintures & de dorures. On y a placé son Tombeau vis-à-vis de l'Autel; il est d'une pierre extrêmement blanche admirablement bien travaillée. Le Sculpteur luy a donné un air venerable, le representant avec une grande barbe, revêtu de ses habits Pontificaux, la Mitre en teste, & les mains jointes. Il semble qu'il veüille sortir de ce Tombeau, à l'aide de deux Anges qui haussent la pierre dont il est couvert. Ses yeux sont tournez vers le Ciel, qu'un Ange qui est placé sur le devant luy montre avec la main. On nous fit voir dans la Sacristie, & dans une Chapele voisine plusieurs Reliques, & entr'autres le Chef de Saint Trophisme, premier Evêque d'Arles, un Cor fait d'une Coquille dont il se servoit pour appeller les

Chrêtiens au Saint Sacrifice de la Messe qu'il devoit celebrer, le Crane d'un de ces Innocens qu'Herode fit égorger, plusieurs Croix, deux Mitres en broderie d'or semées de Perles & de Rubis, & celle de S. François de Sales, qui pour n'estre que toute simple, n'en est pas moins considerable, à cause de celuy qui l'a portée. On nous fit voir aussi un Livre d'environ un pied & demi de long, sur la couverture duquel qui est toute d'Agathe, on a gravé d'un costé des Histoires du vieux Testament, & de l'autre plusieurs Mysteres & plusieurs Miracles du nouveau.

Quoy-qu'il fut assez tard lors que nous retournâmes à l'Hôtellerie, & que nôtre Hoste nous voulut persuader que nous ne pouvions passer le Rhône sans danger, à cause d'un grand vent qui l'agitoit d'une maniere extraordinaire, nous ne laissâmes pas de monter en carrosse.

Avant que de sortir de cette belle Ville,

Il faut vous dire qu'en ce lieu
Habite une Noblesse, & sça-
vante & civile,
Qui depuis quelque temps a
fait d'un demy-Dieu,
Le Chef de son Academie.

C'est comme vous sçavez
l'Illustre S. Aignan,
Dont la haute vertu se mocque de l'envie ;
Et qui sera toûjours genereux
& galant.
Ce Duc a tant de politesse,
Tant de ce feu brillant qu'on
voit dans la jeunesse,

*Qu'on peut dire sans le flater,
Qu'on ne le sçauroit trop
vanter.*

Toute la France est persuadée, & vous l'estes aussi sans doute, que cette homme Illustre ne se contentant pas de se faire distinguer par la galanterie & par les belles Lettres, paroist encore plûtost à la teste d'un Escadron, qu'à la teste d'une Academie: Mais vous ne sçavez pas peut-estre que ces Messieurs les Academiciens d'Arles l'imitent

de Provence. 185
l'imitent en tout, & que

Ces Nobles le suivant, &
 sous les Etendarts
Du cruel & terrible Mars,
Et sous ceux d'un Dieu plus
 aimable,
Mais qui n'est pas moins re-
 doutable
Puisqu'il porte en ses mains
 dequoy tout enflamer,
Sçavent également combatre
 & bien aimer.

Les Dames de cette Vil-
le sont bien faites, elles
sont genereuses, & l'on
Q

peut dire qu'il n'en est guere en France qui ayent l'esprit si bien tourné.

Comme le Rhône baigne les murailles de cette Ville, qui se trouve la derniere de Provence du côté du Languedoc, nous le traversâmes sur un pont de batteaux, pour entrer dans la Camargue.

La Camargue est une Isle de plus de dix lieuës de tour, à qui l'on pretend que les Habitans du Païs ont donné le nom qu'elle porte, parce que Caïus

Marius y campa lors qu'il fut envoyé en Provence contre les Teutons & les Ambrons, qu'il défit en deux sanglantes Batailles. Le terroir de cette vaste plaine est extrêmemét fertille, & il est d'autant plus agreable, qu'on le voit toûjours couvert d'une fort belle verdure.

Apres avoir traversé cette Isle delicieuse, nous trouvâmes un petit bras du Rhône, qu'il nous fallut passer dans un bateau pour aller à Saint Gilles.

Ce Fleuve orgueilleux &
 rapide,
Couronné d'algue & de ro-
 zeaux,
Parut en cet endroit sur un
 trône liquide,
Nous faisant redouter la fureur de ses eaux.

Les vents causoient la violence,
Dont nous le voiyons a-
 gité;
Et nous connûmes bien que
 leur trop d'insolence,
L'avoit justement irrité.

*Mais, quittons les Vers pour la Prose,
Et parlant plus humainement :
Disons sans nul déguisement ;
Ce qu'il faut croire de la chose.*

De bonne foy, ce Fleuve paroissoit une petite mer en courroux, nous ne laissâmes pas pourtant de le passer ; mais ce ne fut pas sans estre moüillés de ses eaux, que l'impetuosité des vents poussoit contre nous, avec d'autant plus de violence qu'elles estoiét renfermées dans un lit trop étroit.

Apres avoir disné à S. Gilles, nous en partîmes pour aller coucher au pont de Lunel. La nuit nous ayant surpris, nous pensâmes nous égarer plusieurs fois, & nous aurions souvent pris un chemin pour un autre, si nous n'avions fait allumer des flambeaux qui nous servirent à nous conduire : Enfin nostre bonne destinée nous fit heureusemét trouver l'Hôtellerie où nous devions arrêter. Le lendemain nous allâmes disner à Montpellier, où nous nous délassames des fatigues de nostre petit Voyage.

Je ne sçay si vous ne trouverez point ma Relation trop étenduë, & si je n'auray pas eu le foible de la plûpart des Voyageurs, qui ne peuvent obmettre aucune des particularitez qu'ils croyent dignes de leur souvenir. Si vous avez pris quelque plaisir à la lecture de ce petit Ouvrage, je seray content. Quoy-qu'il en soit, recevez-le comme un gage de nostre ancienne amitié, & excusez je vous prie les deffauts que vous y aurez remarquez.

FIN.

www.ingramcontent.com/pod-product-compliance
Lightning Source LLC
Chambersburg PA
CBHW060335170426
43202CB00014B/2788